琉球とヤマト

歴史の視座を求めて

島 征一郎

耕文社

はじめに——琉球とヤマト

琉球、沖縄に関する情報は多い。一般のメディアでは、まず観光、次に芸能人、スポーツ選手などエンタメ関係者。次に古典芸能、三味線とか古典舞踊とか。その次に、基地問題、太平洋戦争の悲劇、長く続いた米軍の占領。

左派リベラルのＳＮＳや出版物などでは、辺野古、軍事基地、大戦の悲劇、戦争と平和など。歴史に関する情報は、まず大戦の悲劇（沖縄島の捨石作戦など）、その後の軍事基地の歴史と悲惨が圧倒的である。

琉球沖縄の全体的な歴史、特に太古の歴史、旧石器時代から縄文時代、弥生時代、など西暦一〇〇〇年ころまでの歴史が語られることは少ない。一四七九年琉球王朝（第一次尚氏）以後の歴史に関する情報は少なくないが、十一〜十四世紀のグスク時代、按司時代、三山時代の情報は少なく、一般のメディアに出ることはまずない。

何故なのか？　日本の中央の歴史すなわちヤマトの歴史とあまりにも異なるので理解しがたいのだ。当書ではまずここに焦点を当てた。

統一王朝は、「全島に世界の物産が満ち溢れている」と宣言するほど栄えたが、その原動力は何か、ここにも焦点を当てた。

一六〇九年、薩摩藩が琉球に攻め入り、琉球は薩摩藩の附庸国（属国）になった。この経過を理解することは当然重要である。薩摩藩の支配は明治の代まで続く。一八七九年、「琉球処分」により琉球は日本国の一県になった。薩摩時代の琉球は、二七〇年間「鵜飼の鵜」のように稼ぎや富を薩摩に奪われるだけだった。そんな理解が多いが、「琉球の文化を磨き高める」時代でもあったのではないか。

明治維新の日本はどんな姿だったか。沖縄を大きく抱擁して迎え入れるだけのものがあったのか。ここの検討も必要である。さらに、さらにと続く。

私の琉球沖縄研究は、二〇一四年（七三歳の時）に初歩の歴史書を読みだすことから始まった。それから七年、歳にしてはよく頑張ったと思う。

執筆動機をよく聞かれる。動機は偶然のこともあり、深く個人の内面にかかわることもある。一口で語れるものではない。あとがきに、少し触れる。

琉球とヤマト――歴史の視座を求めて＊目次

第二章　第二尚氏王朝の栄光と挫折

第一章

南島（琉球列島）の旧石器時代と貝塚時代、グスク時代と琉球の成立

今帰仁城より

第一節　石器時代

近年沖縄県の各地で旧石器時代の古人骨の発掘調査活動が活発である。三万年以上前の人類の骨が多数発掘されている。

これは沖縄の岩礁がサンゴ礁からなる石灰岩でそれに含まれるアルカリ性（炭酸カルシウム）が人骨の風化を妨げているからと言われている。

他方、本土各地では石器時代の痕跡は多数あり石器類は存在しているが人骨はほとんど発掘されていない。これは本土の地相は火山灰からなる酸性で人骨は風化してしまうからである。古人骨としては一万七千前の断片的な一体が静岡県浜北で発掘されただけである。

三万年前と言えばまだ渡海の技術が乏しい時代で、そんなころの人骨が何故島嶼の沖縄各地に存在するのかは今後の研究課題である。世界の研究者は大きな関心を持って進行を見守っているとのことである（土肥直美『沖縄骨語り――人類学が迫る沖縄人のルーツ』）。

沖縄各地に到来した人類はどうなったのか。到来は何度もあったが、到来した各人間集団は主に食糧事情の所為で絶滅したであろうとされている（一部存続説もある）。到来と絶滅が繰り返される歴史であったのであろう。では何故人類は沖縄各地にやって来たのか。日本列島と南太平洋をつなぐ「黒潮」と「人類の持つ冒険心」と言われている。

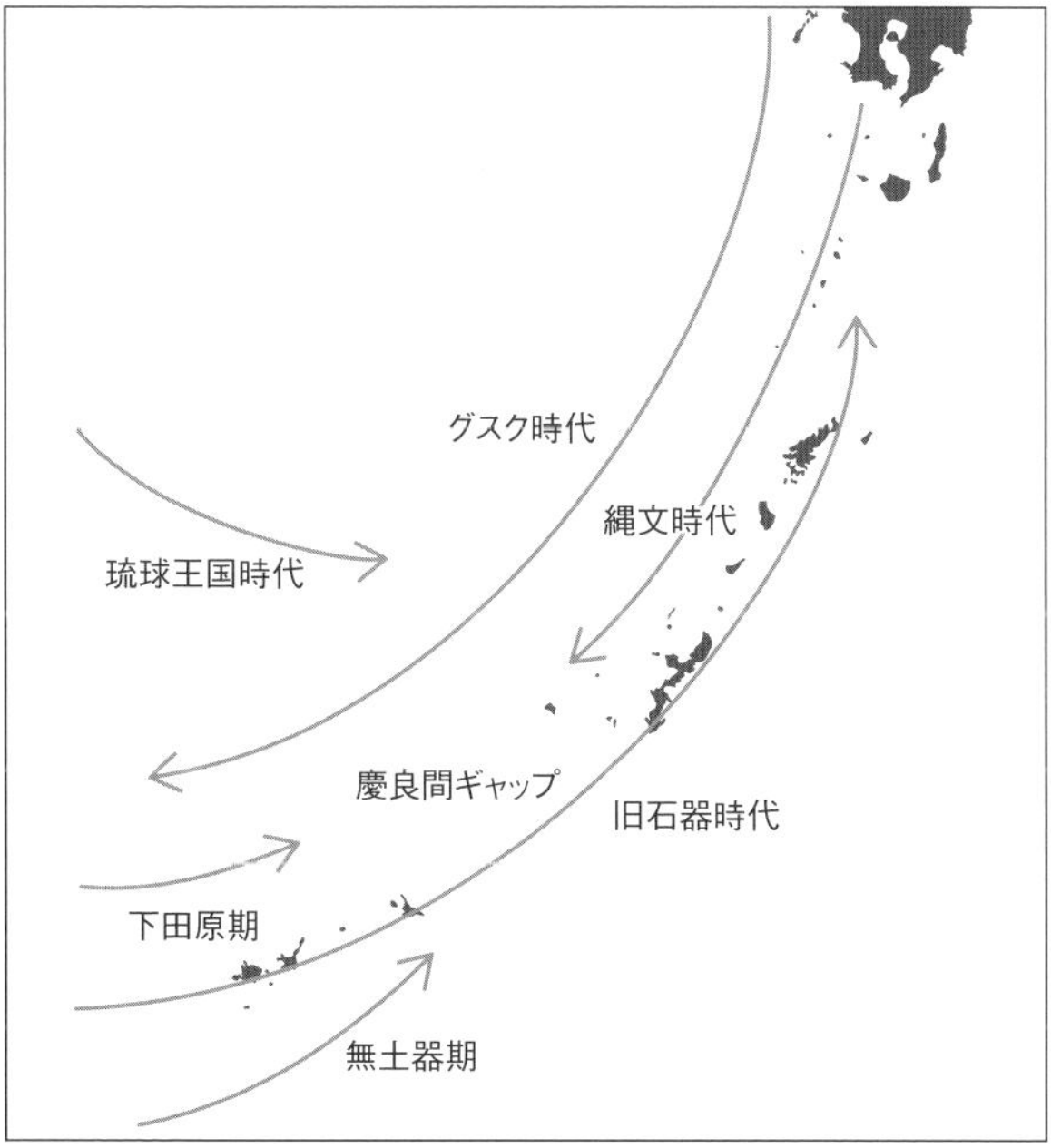

図１　琉球列島へのヒトの渡来

出所：土肥直美『沖縄骨物語り――人類学が迫る沖縄人のルーツ』琉球新報社、2018年

列島へのヒトの往来

南島をめぐるヒトの往来は時代によって大きく異なる。旧石器時代は主に南太平洋方面から、縄文時代になると北方（九州西岸）からの渡来が多くなる。グスク時代になると北方との交通が多くなり、次に、大陸や東南アジアとの往来が高まる（図1参照）。

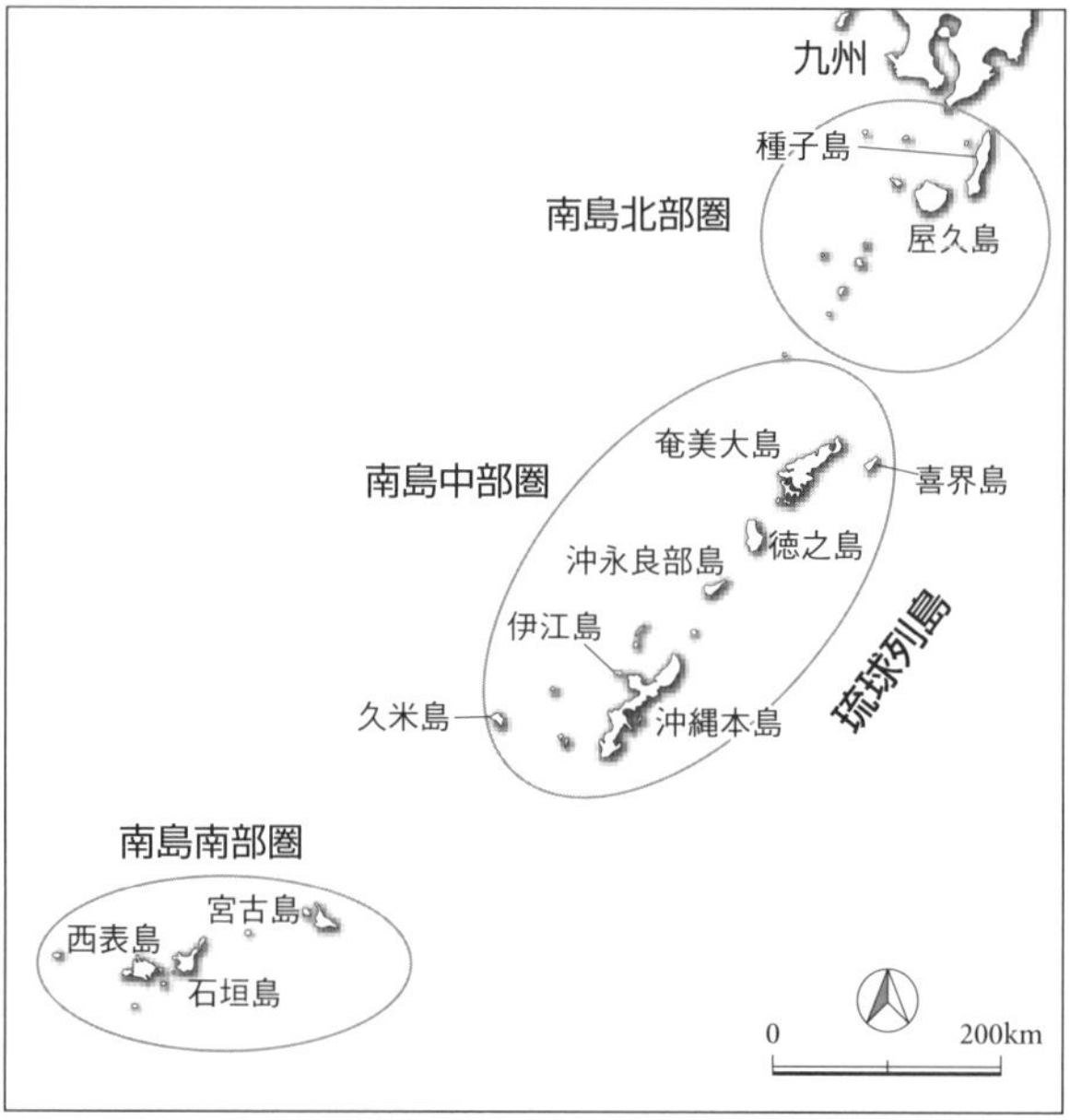

図２　琉球列島文化圏（南島北部圏・中部圏・南部圏）

出所：高宮広土ほか『マヤ・アンデス・琉球――環境考古学で読み解く「敗者の文明」』朝日新聞出版、2014年

列島の地図と文化圏区分

琉球列島の文化圏区分は、図2のような区分が一般的である。

北部（種子島、屋久島とその周辺）、中部（奄美大島、沖縄本島とその周辺）、南部（宮古八重山諸島）。北部と中部の間はトカラ海峡、中部と南部の間は慶良間海峡があり、それぞれ水深一〇〇〇メートルとのことである。トカラ列島から南方は亜熱帯気候に属し、動植物の生態も独特のものがあると言われている。

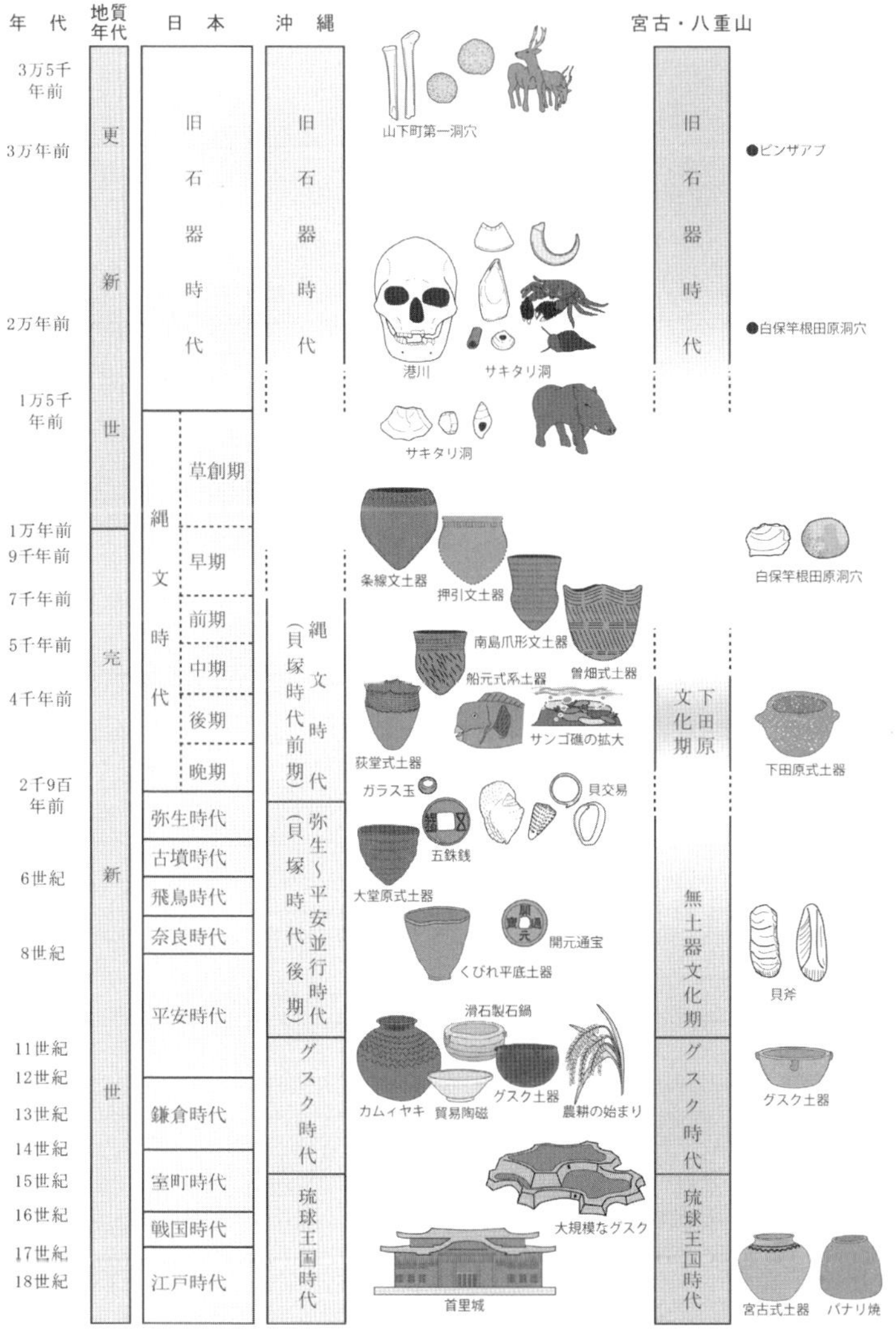

図３　関連年表（南島の歴史時代区分）

出所：大阪府立弥生文化博物館・沖縄県立博物館・美術館『沖縄の旧石器人と南島文化』2017年（沖縄県立博物館・美術館所蔵）

列島の歴史時代区分

琉球の歴史経過は、図3のように日本本土（本書の表現ではヤマト）との比較で説明されることが多い。その貝塚時代の長さは驚きである。グスク時代からの変動の大きさとその原動力が何であるか、当書のテーマの一つである。

第二節　縄文時代（貝塚時代）

世界の不思議

この時代の生活スタイルは狩猟採集である。即ち自然環境が生み出す生物をとって生存の糧とする。南島ではこの狩猟採集時代が長く続いた（今日の沖縄県各地は、古代では「南島」と総称されることが多いので当書では南島の表現も合わせ使う）。

この時代の生活スタイルとしては、二五～五〇人の人間集団（バンド）が食糧を求めて一定期間ごとに移動することが想定される（高宮広土『島の先史学』）。

その様な集団がいくつ生存しうるかは採取可能な食物の量が関係する。

この生活スタイルが紀元後十世紀後半まで続いたとされる。十世紀後半と言えば、本土では平安貴族が雅な生活を送り始めた時期である。そんな時代まで南島では（原始的な）狩猟採集生活であったとは驚きである。十一世紀に入り「グスク、按司」時代と言われる文明の時代になるが、この断絶は余りにも大きすぎる。

南島で一番大きい「沖縄島」の面積は一二〇〇平方キロメートルであるが、大陸から遠く離れた島嶼ではこの程度の面積では狩猟採集生活が長く続くのは不可能とされている。さらに小さい島嶼で独自に「農耕化」した事例は世界にないとされる（前掲書）。推定されることはここ南島で豊富にとれる貝が食糧として栄養源になった。また貝は「交易品」として重大な役割を果たした。

貝の道

次に、縄文時代における南島とヤマトや中国との交流についてであるが、東アジアに詳しい作家陳舜臣は、「中国では大昔から『貝』は貴重品で、殷の時代に大量の子安貝が集められており宮古島産の可能性はある」と言っている（『沖縄の歴史と旅』）。氏によれば、柳田国男の「海上の道」はこの子安貝と中国殷の関係を大胆な仮説に仕上げたもので、

「日本民族は南から北上してきた可能性がある」と言った。

　ヤマト各地でも太古から「貝」は憧れの品で、遠く東北、北海道にまで貝の装飾品は伝播している。「貝」を巡る活発な交易は通説となっている。

第三節　南島とヤマトの関係

初期の集団移住

　次に南島とヤマトの人的関係については、沖縄学の創始者伊波普猷は、「二千年前（世紀の変わるころ）、九州から琉球各諸島に『集団的移住』があった」（要旨）と書いている（『沖縄歴史物語――日本の縮図』ほか）。もっぱら古代日本語と琉球方言の比較分析から推定している。外間守善も、伊江島の具志原貝塚から弥生式土器が発掘されたことなどを指摘して、「二千年前、本土弥生人の島渡り」があったとしている（『海を渡る神々――死と再生の原郷信仰』）。

　因みに今日、人種や民族の異同を論じる為には次のような諸科学からアプローチされる。

形質（自然）人類学、考古学、文献史学、神話学、言語学、文化人類学、民俗学、さらには遺伝子分析など。

明治時代から昭和にかけて研究者は、もっぱら言語、神話、歴史文献に依拠して「人種論」を論じていた。形質人類学や考古学の日本における進展は昭和の時代からで、本格的になったのは大戦後である。

「人種論」も「民族論」も今日の歴史と諸科学の進展で考え方が大きく変化してきている。今後も変化していくだろうから、ここでは人種・民族の異同について断定的意見は述べない。この問題はまた後に触れるとして、沖縄学の専門家たちは「琉球の民はヤマト民族の一部または一支族」と考えてきた。

農耕とグスク

ヤマトにおける弥生時代末期から古墳時代、奈良時代の一千年の激動が南島には強くは届いていなかったようである。「貝」の道の交流は続いていたが。

日本書紀には南島各地からの朝廷への使者の様子が多く記録されている。

中国の記録にも多く出ている。貝素材と貝製品が太古からヤマトや中国で貴重品としてありがたがられた。であるのに南島では十〜十一世紀まで農耕が始まらなかった。十一世紀に入るころから急速に歴史が動き始めた。

次の新たな時代は「グスク時代」と呼ばれる。南島各地に大小様々な村落が生まれ人工物が構築されはじめた。

これを主導した人物たちは按司と呼ばれている。すなわち「按司の時代」である。鉄器や稲栽培技術が伝播され富が蓄積された結果とされている。

ヤマトにおいては縄文時代から弥生時代への転換は、二千数百年前、大陸から朝鮮半島経由で大量の集団的移住があった、鉄器と農耕文明を持った人々の大移住による、とされている。

南島では、これに類似する人々の移住が十〜十一世紀に主にヤマト九州から南島にあった、と言うのが有力説になりつつある（伊波普猷も日本中世の言葉の存在から論じている）。「再度の集団移住」である。千年遅れの農耕化である。以下に検討する。

第四節　「琉球」の成立

奄美大島・喜界島

（奄美）大島の東に小さな島、喜界島がある。この喜界島が二〇〇五年の発掘を機に注目を集めている。十器製造設備や鉄器設備さらには大型建物の柱跡などが多く出現した。人口も少ない小島に何故こんな大型の人工物があったのか。

まだ仮説ではあるが、喜界島が南島における土器製品の製造基地で、かつ交易品の集積地であったとみなされている。十〜十一世紀、東アジア各地で俄然歴史が動き始めた。交易も盛んになり商人が活躍しだした。海人、家船など海洋を根城にして来た人々も活躍し始めた。この交易拠点の一つとして喜界島が利用された。

平安貴族の日記に「キカイジマ」が頻出している。ヤマト政権の出先機関である大宰府の役人も関係しているとの説もある。奄美大島各地にも土器の製造窯が多く出土している。喜界島の城久遺跡には当地の土器カムイ焼だけではなく、当時高価な長崎の滑石製石鍋や中国の青磁も頻出している。これは南島における土器交易の拠点と考える以外にない

（図3参照）。ここを拠点に文化度の高い土器が南島に進出した（吉成直樹『琉球の成立』ほか）。この土器文化圏によって沖縄島だけではなく先島諸島にも人々は進出した。これ以前は先島諸島と沖縄・奄美諸島とはほとんど交流がなかった。すなわち先島諸島は独自の文化・無土器文化を持っていたとされる。

　このヤマト・中国の土器文化の浸透が農耕と相まって南島を「文明史」のなかに取り込んだ。それまでに南島に根付いていた狩猟採集民が成熟して、「文明史」に移行したのではない。これが私の持った認識である。

土器文化と農耕と鉄器、さらにそれをもたらす人たちを受け入れ、緩やかに混合することによりグスク時代に移行した（伊波普猷、外間守善、高宮広土などの説とも整合する）。

もともと「先住民」の数は少ない（高宮広土説）。

九州西南からの集団的な移住に加え、激動始めた東アジアの様々なタイプの人々の流入もあった。海の武装海商、落ち武者たち、九州西岸の海人や家船の民、さらには宋や高麗やヤマトの商人たちの南島への流入、移住があって琉球が成立した。

　これが有力説になりつつあるがまだ定説とはなっていないようだ（故翁長雄志知事もし

きりに言っていた沖縄文化の特徴は「チャンプルー、混合」にある。この神髄はここにあると私は考える)。

第五節　グスク時代から王の時代へ

その後琉球では按司たちが統治するグスクの大型化の時代になり、一一八七年に最初の王、舜天王が即位したとされている。この舜天王は「源為朝の子」伝説がある。

琉球の最初の「正史」は一六五〇年尚象賢の『中山世鑑』とされ、他に『中山世譜』(初版と改訂版)と『球陽』がある。さらに別に『琉球国由来記』(主に琉球の始原の姿が追求されている)がある。

琉球沖縄に関する古代の紹介の多くは、これら「正史」に基づいているので似たり寄ったりである。

舜天王統は三代、次の英祖王統五代、その次察度王統は二代と続く。舜天王は実在の王と言われ、これ以前は天孫氏王統の統治とされているが、いわゆる「開闢神話」のたぐいとされている（「神話」は歴史理解に重要な要素であるが、長くなるので割愛する）。

英祖王は渡来してきた僧禅鑑と仏教を厚く保護したとされている。英祖王統四代玉城王の時代のころから統治が乱れ、結果三つの有力者が本島内に鼎立して「三山の勢力」が覇を競う時代となる。

中心は、舜天、英祖、察度の系統が存した「中山」である。

この時代、王権の継承は同系統（血統）の者が行うが、継承者に大きな失政（酒色におぼれるなど）があって、次の世子が幼少であるとかが重なると、別系統の「有徳」の按司が周縁に押されて王位に就くことになる。詳細記述は避けるが、このようにして次の察度王が継承した。察度王の時、明国から入貢の使者が来て（一三七二年）朝貢が始まったとされる。

鼎立していた北山の今帰仁按司（自称、今帰仁の世の主）と南山の大里按司（自称、南山の世の主）も、明国と朝貢を始めた。その回数は、一三七二年から一四一五年までに、中山四二回、南山二四回、北山一一回である。圧倒的に中山が多い。

グスクの大型化が顕著となる。

見事な大型グスク

日本の幕末、琉球に立ち寄ったペリー提督は中城《なかグスク》城跡を見てその威容に感嘆したという。私事ながら私も、数年前（二〇一四年）に初めて（恥ずかしながら）中城城跡を見て、（石積みの壁しか残っていなかったが）これはヤマトのお城、例えば大阪城の石積みに劣らないではないかと感心した。それまで琉球の歴史に無知であった私は、七三歳と高齢になってから、これは本気で取り組まなければならないと思い始めたものであります。

グスクにもう少し触れる。

定住が進み、村が生まれると様々な「聖所、拝所」が生まれる。そのような所をグスク（漢字を当てれば「城」となる）と言われる。グスクと呼ばれていたところは島内で数百あるとされる。

そのうち二千平方メートル以上のものが大型グスクと言われ、二〇近くある。千～二千平方メートルの中規模のものもかなりあると思われる。

最初の大型グスクは英祖王の浦添グスクで十三世紀の建設。十四～十五世紀に今帰仁、勝連、中などのグスクが建設された。首里城は何度かの改修で大型グスク最後のものだ。

これら大型グスクは、王朝内の内乱で壊され、薩摩侵攻で焼かれ、米軍に破壊されるなどして、今日原型をとどめるものは無い。

首里城は一九九〇年に幾多の研究と人知を集めて復元再建されて、多くの人々の心のよりどころになりつつあった（しかし、二〇一九年一〇月三一日早朝火災で焼失した）。

残りの大型グスクは昔の敗残の姿のままである。私が感じ入ったのは、中グスク、勝連グスク、今帰仁グスクなど、かろうじて原型を想像させる城壁を見た時だ。かっての栄華を偲ばせる力があった。

漁労採集の貝塚時代の末からわずか三〜四百年で大型グスクの建立など劇的変化を達成できたのは何故か、その原動力は何か。主導したのはどういう勢力か。

二〇一四年、私が琉球沖縄に関する勉強を始めて、強く持った疑問がこれであった。諸説あるようだがいまだ定説はないようだ。

社会組織の進展

ここで文明の進展と社会組織の進展の概要を見ておこう（高宮広土の説）。

狩猟採集社会の人間集団は人類学では「バンド」と言われ、二五〜五〇人で構成されている。平等社会である。

次に一〇〇〜五〇〇人の族長社会となる。ここでは農耕が生業となるが族長は主に人望で選出され権威や権力は小さい。

次に、首長社会となり、集団の規模は数千から数万人となる。ここの首長は絶対的権威と権力を持ち地位は世襲となる。階級社会という縦社会となる。

次に、国家へと社会組織は進展する。最初の古代国家は古代エジプトであろう。

第六節　ヤマトの世相

ヤマトでは十世紀頃から各地の武士勢力が拡大し始めた。九三五年ころから平将門、藤原純友らの承平・天慶の乱など世情騒然とした時代に入る。

中国では唐王朝が滅び五代一国時代から北宋、その後南宋と推移し、また朝鮮でも九三〇年ころ新羅王朝が滅び高麗王朝に代わっていく。すなわちアジア各地は激変の様相である。

私は南島の急速な進展はこの東アジアの激動と大きく関係していると思っている。

ヤマトの東北、北海道の状況

森浩一によれば、旧石器時代の北海道はサハリンと陸続きで大陸とのつながりが濃厚であった。縄文時代頃には分離して大陸の影響が弱まった。青森地方の円筒式土器が北海道に広がり本州との交流も多くなった。津軽海峡を挟んで東北北部と北海道に一つの文化圏が形成された。

西日本にはじまった弥生文化さらには古墳文化の伝播は大幅に遅れた。

この時代の北方文化の経過は次のようである。

この時代はまだ狩猟採集生活スタイルであるが、北海道南西部の恵山町出土の土器は独特のもので文化圏と呼べる。同時期の伊達市の遺跡からは南方のイモガイ製の貝輪が出土している。すなわち南島との海上の道があったとみられる。

さらにこの時代の特徴として擦文土器があげられる。土器の表面を「木のへら」でこすって文様をつける。擦文文化と呼ばれ、オホーツク海沿岸の文化と融合していく。すなわち、サハリン、千島列島に住む人々の海洋文化と融合していく。

これら北海道特有の文化が、十三世紀頃アイヌ文化に変容していき近代まで続く（「森浩一が語る日本の古代」解説の要約）。

蝦夷とは何か

ヤマト政権成立後国土拡張期に、北方の「蝦夷」との争いが頻発する。年表によれば七八八年アテルイ率いる蝦夷軍に敗れた。朝廷は大軍を送り蝦夷を撃破した。

征夷大将軍、坂上田村麻呂や文室綿麻呂の登場である。この蝦夷とは如何なるエスニシティ（人種、民族、民俗など）か。先に触れた北海道独自の文化圏の人々か否か。広辞苑では、「蝦夷とは朝廷に服属しない人々」とのみ記されている。エスニシティへの言及はない。朝廷軍に破れ降伏した蝦夷は俘囚と呼ばれ、日本各地の防人として配置などされて和人となっていく。敗北しても服属しない蝦夷の一部は恐らく渡島に渡っていくのであろう。この蝦夷の反乱は八〜九世紀に何度も起こる。また十三〜十四世紀にも起こる。アイヌあるいは蝦夷についての記録は、「元史」によれば一二八四年「骨がい」（アイヌ）と闘ったとある。日本内の記録では「諏訪大明神絵詞」（一三五六年作）に蝦夷蜂起が記録されている。また明国の記録によればアイヌが朝貢している。

南島と北方においてヤマト政権の枠外の「異族」が明国に朝貢していたことになる。

第七節　明国とヤマト、南島、アイヌ

明国から朝貢を促す使者は、先ず九州にいた征西将軍懐良親王（南朝、後醍醐天皇の子）の下に来た。懐良は、一度目は追い返したが二度目は受け入れた。この時の使者要諦はそこで「琉球」の情報を得て、博多から直接琉球へ向かうヤマトの船に便乗して察度王のもとに来た人物と言われている。当時「国境」はまだ強固ではなかった、と言うことだ。

当時の足利幕府にも明国より朝貢を促す使者が来ている。中国の芸術品に造詣深い足利義満政権は朝貢に熱心だった。しかし、外交権は鎌倉の幕府にあるのか京都の朝廷にあるのかという問題や「倭寇対策」に協力的であるかなどの問題が絡み、ヤマト政権と明国の朝貢システムはあまり機能せず、後の「ご朱印交易」にとってかわられる。

南島のグスク時代から王権成立への時代において、北方のアイヌも明国に朝貢する主体組織があったということだ。しかし、アイヌは集団の規模としては、部族または小規模首長集団の域に留まり、王朝または国家の成立には至らなかったということになる（『周縁から見た中世日本（日本の歴史一四）』講談社など参考）。

第八節　三山時代から第一尚氏王統へ

先にみたように三山時代と言っても中部の浦添を拠点とする中山王が圧倒的な力を持っている。特に察度王は就位一三五〇年から四六年間王として活躍した。

この時代に達成した事業は次のようである。

鉄器の農耕への普及。宮古八重山の按司との通交。明国への朝貢、交易。朝鮮との通交。中国へ留学生を送る。明国から多くの人材を受け入れる（閩人三十六姓の帰化。閩は福建省の別名）。帰化人は那覇の久米村に住み、琉球の航海技術支援をはじめ通訳、翻訳さらには交易技術等で活躍する。後に王府の高官に就任するものも少なくない。

この久米村は「唐営」、後に「唐栄」と呼ばれる。「唐栄」は東南アジアの各港市にあり華僑の活動拠点になっているとのことである（大城立裕によれば、琉球の「唐栄」の末裔は琉球民と一体になった。日中戦争でも日本兵として参戦したとのことである）。

冊封体制と中継貿易

明への朝貢は「冊封体制」と呼ばれる。

明王朝の国内統治体制として、各地域の有力者（諸侯）が切り開いた領土などはその領主の支配地として安堵する、見返りに諸侯は臣の証として皇帝に貢物を送る。この見返りに皇帝ははるかに価値の高いものを下賜する。

この中国の国内関係を海外の王や諸侯にも適用するものが「冊封」交易である。海外の統治者はその正統性を明の皇帝に認めてもらい主従の誓いをする。この時に高価な物品を貢物する。見返りに皇帝は数倍の価値のものを下賜する。内政には干渉しない。中国皇帝は自己の権勢を誇り、外国からの侵攻を抑制する。朝貢国は臣の地位に甘んじるが莫大な交易利益を手にする。しかも、内政には干渉されない。

各国の王は競って中国皇帝に朝貢したのである。とりわけ琉球は優遇された。表1のとおり圧倒的に回数が多い。

琉球で朝貢が始まったのは中山の察度王の時代で、他の北山、南山の主もそれぞれ朝貢した。

この朝貢貿易の利益と航海技術の習得と経験が琉球の富を高めた。

琉球からの輸出品は、硝酸（火器の火薬原料）、琉球小型馬、ヤマトの刀剣、工芸品などである。

中国からの交易品をヤマトはじめ朝鮮並びに東南アジア各地に輸出し、各地からはその地域の特産品を買い、中国、日本に運ぶ。この中継貿易の繁栄が一五〇年続いたのである。

アジア各地にも「港市」が栄え、交易ネットワークが盛んになった。

表１　『明史』に見るアジア諸国の対明朝貢回数

順位	国名・地域名	回数
1	琉球	171
2	安南（ベトナム）	89
3	烏斯蔵（チベット）	78
4	哈密（ハミ）	76
5	占城（チャンパ）	74
6	暹羅（シャム）	73
7	土魯蕃（トルファン）	41
8	爪哇（ジャワ）	37
9	撒馬児罕（サマルカンド）	36
10	朝鮮	30
11	瓦剌（オイラート）	23
12	満剌加（マラッカ）	23
13	日本	19
14	蘇門答剌（スマトラ）	16
15	真臘（カンボジア）	14
16	渤泥（ブルネイ）	8
17	三仏斉（パレンバン）	6

出所：村井章介『海から見た戦国日本』による

中国皇帝と琉球王――「勅諭」の例示

冊封の中身を知るうえで「勅諭」の文言は役に立つ。

冊封時、中国皇帝が琉球王に与える「勅諭」の概要を下記に例示する。

例示一　一四二五年、明国皇帝が尚巴志に与えた勅諭（概要）

「朕はここに、（中略）勅命をもたらし、おんみ世子の尚巴志を琉球国中山王とし、継承させる。ああ、ねがわくば忠と孝を立て、つつしんで中国の外の守りをし、徳を修め善に努め、（中略）どうかつつしんで朕の命を受け、（中略）ここに勅諭する。わが思いをおこなうように」（中山世譜）

例示二　一六八三年、清国皇帝が尚貞王に与えた勅諭（概要）

「皇帝は、琉球国中山王世子の尚貞に勅諭する。（中略）おんみはつつしんで恩顧をうけ、つとめて先業をひきつぎ、国民をまとめ、国の守りを固くし、先祖の祭りの基礎をかため、永く帝国の守りとなるように。欽《つつし》めよや。朕が命にたごうことなかれ。ゆえに諭す」（同上）

呼称は「琉球」か「沖縄」か

隋書の「流求」が記録上はじめての呼称であるが、この流求は台湾との説が多い。

中国の古地図では、今日の台湾島は隋の前までは「夷州」と表示され、七世紀以後長く「流求」と表示されていた。一三六八年、明の時代になって「東番」となり、清の時代は「台北府、台南府」であり、中華民国になって以後「台湾」の呼称が定まった（『中国五千年史地図年表』集英社）。

明の始祖洪武帝が今の沖縄につき呼称を「琉球」に定めた。この時代に成立した琉球王府は「琉球」を自国の正式呼称に使うことになる。

しかし、ヤマトの記録「日本書紀」では、これら南島をそれぞれ島の呼称で表現している。六〇〇年代から、南島からの使者がしきりにやってくるが当時の島々の呼称を用いている。

「おきなわ」らしい表現としては、七七九年の遣唐使関連の記録に「阿児奈波島」がある。また長門本平家物語に「おきなわ」の表現があるとのことである。

「沖縄」の漢字文字を公にしたのは、新井白石『南島志』一七一九年が最初とのことである。当書では「琉球各嶋図」として主要島名を記載している。すなわち、北から、大島、徳島、沖縄島、宮古島、八重山、の呼称の下に地図を示し、島ごとに主要間切りの名前を小さく書き込んでいる。

「おきなわ」の呼称の発生理由としては、古代の漁民や船乗りなどが使用していたであろう発音から来ているという説が有力である。伊波は「沖魚場」説、東恩納は「沖ノ島」説をあげている（宮城栄昌）。

中世、近世ヤマトの大名達は「琉球」と呼んだ。たとえば一四一四年足利義持が尚思絡にあてた返書の宛名は「リュウキュウのよのぬしへ」となっている。またアジア各地における呼称は「リュウキュウ」に近い表音であったようだ。ポルトガル人らの東方見聞録的記事にはそれが見える。「レキオ」の呼称が多く使われている（明治になって「沖縄藩」の設置、琉球処分などにより「沖縄県」の呼称が確立した）。

こう見ると南島の民にとっては「琉球」は栄光の時代の呼称であるようだが、薩摩統治の時代が長く続いたので必ずしも栄光ばかりではない。

外間守善は古代ヤマトからの呼称を継承する「沖縄」を強く推奨している。「オキナワ、Okinawa」は今や国際語ともなっているともいう。いずれも複雑な心境は拭えない。

第九節　第一尚氏王朝の時代

南海の勝地……

察度王の後継者武寧は失政などがあり一〇年の治世で終わる。

次の中山の王統に就くのが第一尚氏一族である。

初代は一四〇六年就位した尚思紹であるが、実権はその子、巴志が担っていたとされる。

この親子の出自には諸説あり面白い。

例えば、折口信夫は「尚思紹は九州の海賊の子孫」と言う。歴史学者間では否定されているようであるが、歴史の愛好家に支持者が居ないこともない（郷土史家、谷川健一など）。

尚思紹は察度の正当な後継として中国に朝貢の手続きをとった（明国は尚思紹の王統継承の手続きを受け入れている。王統が変わる「易姓革命」であるのに、手続きと書類に間違いないとして詮索せず正当な後継者と認めたのである。内政に干渉しない見本であろう）。

中国への朝貢、すなわち冊封体制については先に触れた。

中山を支配した尚巴氏は統一王朝に向かう。北山滅亡一四一六年、南山滅亡一四二九年、琉球本島の統一がなる。琉球王国の成立である。

第一尚氏の事績としては次のようなものがあげられる。

当時の明国の皇帝宣徳帝は、琉球の統一を讃えた。中山の王すなわち琉球の王、「琉球国中山王」の称号が確立した。

「日本文化」を抱え込みながら冊封体制に深く食い込み、「琉球国中山王」としてアジア各地と交易する。すなわち「アジアの中の琉球」が定着する（高良倉吉の表現）。

首都を浦添から首里に移し君臨する。帰化人の国相懐機を活用して首里周辺の大規模造園事業を遂行する。

奄美大島諸島さらには先島諸島周辺の島々を政権統一して、琉球王国の版図を確定する。

この頃（一四五八年）制作された「万国津梁の鐘」の銘文は有名である。高良倉吉の解説文章が分かりやすいのでそのまま引用させていただく（銘文は漢文長文だがその冒頭部分のみの解説）。

「琉球国は南海の勝地にして、三韓（朝鮮）の秀をあつめ、大明（中国）を以て輔車となし、日域（日本）を以て唇歯となす。この二の中間に在りて、湧出する蓬萊島なり。舟楫（船舶）を以て万国（世界）の津梁（架け橋）となし、異産至宝は十方刹に充満せり。」
（高良の口語要約）「琉球は南海の優れた場所に位置し、朝鮮・日本・中国と深い結びつきを保持しており、海から湧き出た蓬萊島（理想郷）のような島である。貿易船を操って世界の架け橋の役割を果たしているために、わが国の至るところに世界の物産が満ち溢れている。」
（この一文に出会ったとき、私は感銘を受けた。そんなに自信に満ちていたのか、と。）

この第一尚氏政権は半世紀続き次の第二尚氏に交代する。

第一尚氏滅亡の一番の原因は、離島各地の統合のための戦の疲れ、政権内の交易の利得権などを巡る内紛などで疲弊したことによる。民心は離れ、尚泰久王の元重臣、金丸を推す近臣のクーデターによって一四七〇年政権は移る。

第二章

第二尚氏王朝の栄光と挫折

中城の入り口。見事な石組は今も残る

第二尚氏の王統は日本の幕末、明治の琉球処分まで続く。

第一節　尚真王、黄金時代

第三代尚真王の時代が五〇年続き黄金時代と言われる（在位期間一四七七～一五二六年）。この時代に琉球王国の物的・人的枠組みが作られたという。

尚真王事績の概要は「百浦添欄干の銘」に書かれている。大城立裕から概要を引用すると。

一、仏を信じ像を造り寺をたてた
二、臣には「礼」をもってし、民の税を軽くした
三、八重山を征討し国勢を高めた
四、服に錦繍を用い、器に金銀を用いた。弓矢刀剣類を国の管理とした
五、簪、鉢巻を用いて身分制を明らかにした
六、珍花、異木を盛んにして宮廷は春のようになった

七、内苑に山水をつくり宴遊を豊かにした
八、屛軸、管弦の楽しみを盛んにした
九、大明との朝貢、三年一貢を一年一貢にした
一〇、中国の風を移して琉球の俗を改めた
一一、中国にならい城や宮殿を壮麗にした
(これらを見ると豪華な気分が立つ、と大城。)

さらにこの時代に神女の組織を整備した(この宗教組織は、琉球の政治、宗教、社会に大きな影響を与えているものであるが、任ではないので割愛する)。

先の一一項目のうち、日本から学んだというような文言がない。日本との交流は仏教はじめ当然のことなので書かなかったのか。この時代日本は下剋上、応仁の乱の最中、戦国時代への始まりであり、朝廷も逼塞していた時代であるから、学ぶものも少なかったのだろう。

第一節　琉球、ヤマト、中国の動向

この繁栄を支えたのは、中国皇帝への朝貢貿易をベースにした東南アジア諸国との中継貿易であるが、一五〇〇年代後半になるとスペイン、ポルトガル、オランダなどヨーロッパ諸国のアジアへの進出が盛んになり、琉球船の活躍できる場がすくなくなり、ヤマト商人との交易が増えた。ヤマトにおいては幾つかの戦国大名が、琉球の繁栄に注目して侵攻を画策していた。

その一番手は薩摩島津であるが、他に数人の有力大名が野心をもっていた。

薩摩はその一五〇〇年以上前から琉球への野心を持っていたが、ヤマトにおける戦闘に自己の生存さえ定かでない状況であるから、琉球とは善隣友好の交易を維持していた。他の大名が琉球への侵攻を図るとあらゆる手を使って妨害した。

信長秀吉の織豊政権時代。秀吉は朝鮮侵攻を二度行い失敗する。各有力大名に兵と食料の供給を命令し琉球にも要求した。琉球は応じず薩摩が立て替える形になった。

徳川政権が明確になる一六〇〇年関ヶ原の決着以後、薩摩は徳川に取り入り、一六〇九年徳川の承認を得て尚寧王の琉球に攻め入る。

薩摩には「侵攻の口実」は多々あった。詳細は省略する。首里では抵抗の防備を怠らなかったが、薩摩軍は中部の運天港に上陸して、村々を焼き払いながら首里城へ向かった。この為に琉球は多くの人的物的損害、歴史記録の消失、財宝の略奪という結果を被ることになる。

薩摩の第一の野望は、中国との交易とその利益である（徳川幕府も中国交易を望んでいた）。

この頃、明国王朝は衰退の状況にあり満州族の戦闘部隊の前に風前の灯であった。結局、清国の成立により朝貢貿易は清国皇帝への朝貢にかわる。

この間多くの事件が生まれるが割愛する。

琉球正史二書（『中山世鑑』と『中山世譜』）にはこの薩摩の侵攻支配は概略次のようにさりげなく書かれている。

「琉球は一〇〇年前から薩摩島津氏の附庸の国であった。尚寧王の時代、その経緯を無視して忠勤の心が緩んだ。悪臣、邪名を重用して事大の誠を忘れてしまったので、薩摩から征伐された。」（原田禹雄『訳注　中山世譜』。天子に直属しないで大国に附属する小国を附庸

という）

陳舜臣の小説『琉球の風』は、薩摩の侵攻を描いたもので、悪臣・邪名すなわち三司官謝名親方、鄭迵の抵抗を英雄的に描いている。

正史が書かれたのは薩摩支配の時代であるから琉球王府では真意を表現する環境ではなかった。今日でも薩摩への抵抗について、沖縄の歴史評価もまだ定かではないと思われる。抵抗したために莫大な富と貴重な記録を失った。しかし抵抗したことにより、その後の一定の自立心を維持できたとの評価も十分可能だろう。

一六〇九年薩摩侵攻支配の琉球が長く続き、明治の琉球併合（一八七九年琉球処分）を経て沖縄県の成立へと繋がる。

この薩摩統治の琉球時代が約二七〇年、第一尚氏王朝成立（一四二九年）から数えると琉球処分まで約四五〇年の王朝時代の内、二七〇年間（六〇％）は薩摩の支配下であったということだ。ここの実相を概観する。

第三節　薩摩統治時代の琉球

薩摩に軍事支配されて、琉球王府に係る高官や士族連中は精神的低迷の相に陥っていったという。このような中で幾人かの有力指導者が生まれて琉球の国勢を支えることになる。三司官の一人羽地朝秀（向象賢）は人心の立て直しに注力した。

羽地朝秀（向象賢、一六一七〜一六七五）

この人物は第二尚氏王統の中枢につながる血筋であり、その才覚が高く評価されている。琉球国の「正史」の編さん、さらに士族の精神的支柱の構築に功績があったとされる。この中心はいわゆる「日琉同祖論」である。

「ヤマトと琉球はもともと同一人種であり、風俗食糧もヤマトから来たものである。言葉ももとは同祖であったが、南島の気候と長い交流の途絶で会話が難しいほどに隔たったが、多くの言葉は同じである」という説である。

また彼は最初の「国史」である『中山世鑑』を編集した（一六五〇年）。

ここで、「実在の初代琉球王舜天は、ヤマトの武士源為朝の子である」と明記した（以前からあった伝説を「正史」に取り入れた）。

為朝については日本古典文学の「保元物語」に詳しい。『中山世鑑』は為朝物語につきこの書の関連部分を丸写しに近い形で正史に取り入れた。ただ、原書では為朝は「鬼が島」に落ち延びたとなっているが、世鑑では「琉球」に到達したと「改ざん」した（保元の乱は一一五六年の日本朝廷の貴族や武士の派閥争い的内乱である。この乱の「物語」のヤマトでの流布は十三世紀とされている）。これの評価は後に行うとして、羽地朝秀（向象賢）は士族の精神教育として「仕置き」と題する書物を残している（注　士族は和名と唐名を持っている。他に位階名、幼名、号なども持つ）。

その精神教育のエッセンスは、「士族たる者役職を得るためには、諸芸のうち最低一つ以上に秀でなければならない」とした。春潮を引用すると、「学文、算勘、筆法、筆道、医道、立花、容職、謡、唐樂、包丁、茶道、乗馬」。ヤマトの武士階級も精を出している諸芸である。この為に日本文化の輸入が盛んになった。

また羽地は諸産業の振興策にも注力した。薩摩の諸施策を研究して積極的に実践した。彼は薩摩が琉球王府に示した「掟一五条」は、琉球の弱点を適格に衝いていると評価して薩摩に学ぼうとしたのである（比嘉春潮）。このまま「ヤマト化」して行けば琉球はまた違った歴史を辿ることになっただろう。

日中両属

薩摩の第一の狙いは「中国との交易による利益」である。薩摩藩や徳川政権では中国と交易できない。秀吉の朝鮮攻めもあって中国が交易に応じない（詳述略す）。薩摩は琉球に「琉球風俗の厳守、ヤマト風の排除」を強いた。中国の「冊封」を受けるためには「独立政権」でなければならない。ということで中国の冊封使者の前では「ヤマト隠し」は絶対条件であった。

明国は琉球が薩摩と交戦して敗北していたことは知っていたが、厳格に「礼」を守って要請してきたら尊重するのであった。この頃明国は没落の過程であり冊封交易は負担であった。だから、朝貢の回数を減らしたかったので「一〇年に一回」と通知してきた。薩摩も琉球も減らされてはかなわない。王府は懇願して「二年に一回」にしてもらった。

明国王朝の消滅は一六四四年であり、代わって満州族主導の新しい王朝「清」が立国する。この混乱の中で、王府は「明」にも「清」にも配慮して生き延びる方向に必死であった。初代清国皇帝順治帝の覚えもめでたくして、清国への朝貢交易確保に成功した。

蔡温（一六八二〜一七六一）

次に注目される指導者は三司官蔡温である。

彼の血筋は中国帰化人久米村人脈である。彼の父蔡鐸もまた久米村人脈で王府高官である。彼の残した書物のうち『自叙伝』と『独物語』（全訳、佐藤亮）をみると、彼が持つ知性の水準の高さがうかがい知れる（私は職業柄、組織経営、会社経営の理論、いわゆるマネジメント理論についてかなり研究したが、蔡温の論理はかなり深く広いものがあると評価できる）。

彼は「深く考える、昼夜懸命に考える、熱心に考える、正しく考える」というような言葉を使っている。また「物事の根幹を考えよ。課題を分析し優先順位を決めよ」と何度も言っている。

これは昭和の京セラの稲盛和夫氏の哲学「潜在意識に到達するまでの強い願望を持て。邪念を持つな、常に善の方向で考えよ」と同質である。稲盛哲学理論は日本だけでなく中国の経営者にも広く浸透している（歴史的に同質の哲学、思想の基盤がヤマト、中国、琉球にあったからだろうと私は考える）。

次に蔡温は「あの世などない」「神の祟りなどない」と常に言い切っている。この信念は中国の「陰陽五行説」の深い研究から来たものらしい。よくも悪くも迷信や自然の猛威に悩まされてきた琉球の民である。困ったことがあると祟りのせいにして、あの世への逃避に陥りがちで、巫女ユタのご託宣に影響される。これを真っ向から否定しているのである。このような近代的精神、合理的精神で士族や民を指導して深い信頼を培ってきた。また、気象学に造詣深く、治水、土木、開拓など技術の智識も数次の中国留学で獲得し琉球で成果をあげている。

もう一つ彼の信念が紹介されている。

「暮らし向きがよくなったせいで人口が増え、いま二〇万人位である。政治さえ正しく行えれば三〇万、四〇万人になってもやっていける」「琉球は御国元（薩摩のこと）に年貢を納めているが、薩摩の政治から受ける利益の方がはるかに大きい」

強権薩摩の統治の中での発言であるからどこまで本音であるか分からないが、彼の思量の深さや合理的判断能力からみて、少なくとも薩摩の統治を前向きに生かそうとしていることは間違いないだろう。

彼は常に「小国琉球が、二つの大国、中国と日本に仕えるには十全の配慮が不可欠」「薩摩を怒らすと何をされるかわからない。中国ならなんとか言い逃れも可能だが」と言っていた。王府高官らは薩摩には絶対服従であったといわれる。邪魔になる国王の暗殺や三司官謀殺も後に明るみに出ている。であるが、この時代は琉球ルネッサンスの時代と言われ、今もって蔡温は琉球政治史上最高の指導者との評価がある。

第四節　文化・芸能・思想

この時代に琉球の文化・芸能は大きく花開いたとされる。

中国使節の接待、薩摩の接待、ヤマト（薩摩）上り、江戸上りの行列などなど芸を磨いて存在をアッピールした。これらの芸能や工芸、詩歌文学などの評価はヤマトでも高かったが、紹介は他に譲る。ここでは程順則の思想哲学を以下に考察する。

程順則（一六六三〜一七三四）、チムグクル、六諭衍義

教育研究者・安田和男（一九四一年生まれ）によれば、琉球文化の奥底にあるものは「チムグクル」だという。肝（チム）心。

分かりやすく言えば、「まごころ、心に刻む、心底から願う」というようなことになるようだ。

この心を説いたものに、「琉球いろは歌」がある。程が作った琉歌（八、八、八、六の三〇文字の歌）を「いろはカルタ」に編集したもの。これは漢字ひらがな交じりの琉球方言で作られているので読み下しは難しい。次のようなことが日々の教訓の中で繰り返し述べられている。例示的に紹介すると、

例示一、（ほ）蛍火の下で学ぶ心がけ、絶え間ない努力こそ大切。

例示二、（つ）常に人格形成を心がけなさい。子供の時の心の在り方がその人の基本となる。

例示三、（ね）妬み腹立ちは過ちのもと。常に道理をわきまえられるように心の持ち方を磨きなさい。

などなど、「いろは四十七の歌」。

先に述べたようにこの肝、心は、「心底から望む」「大切なことは心の奥底に刻む」「心の持ちようによって難問も乗り越えられる」「心を自在に動かせる努力をしなさい」などの教訓に近い。

前節で取り上げた蔡温、さらには稲盛和夫の思想（潜在意識に到達する願望を持て、など）に近い。

私は、マネジメント論とその関連の「メンタルトレーニング」論をかなり深く研究した事がある。最近二十年くらい、世界のアスリートの多くが、「メンタルトレーニング」「イメージトレーニング」の大切さを言っている。

この思想は「チムグクル」（ここではまだ「精神論」の傾向が強いが）につながると思う。「精神論」は、西洋の精神科学の成果も取り入れて「メンタルトレーニング」論に成長したと言える。

欧米でも、ナポレオン・ヒル「成功の哲学」「思考は物体である」、「ホセシルバーメソッド、マインドコントロール」などいくつもの類似のメソッドがあり、多くの成功者（経営者、政治家、軍人、アスリート、など）が名乗りを上げている。

長くなるので割愛するが、琉球文化の根底にあるという「チムグクル」思想は、中国の

「陰陽五行説」を源にしたものであると思われる。蔡温、程順則、さらには稲盛和夫や欧米の「成功哲学」の思想に繋がるものであると思う。

次に、大城立裕『琉球の英傑たち』に沿って程順則の「六諭衍義」について述べる。程は、久米村の人脈であり数度の中国留学、琉球王府での学者としての活躍、多くの研究書、漢詩、和歌、琉歌の実績がある。さらには島津の学者、京都宮廷の知識人、江戸の学者、とりわけ新井白石、荻生徂徠、室鳩巣などのトップレベルとの交流があった。

その程が中国から持ち帰った「人の教え、人生教訓」の一部が「六諭衍義」である。

これには島津公も高く評価して、時の八代将軍吉宗に献上した。吉宗は荻生徂徠、室鳩巣らに命じて、ヤマトでの教育材料に仕立てた。この「教訓」は各藩の学校はじめ後には町や村の寺子屋でも使われた。明治政府の教育記録にもある。

このエッセンスは次のようである。

一、孝順父母

二、尊敬頂上

三、和睦郷里（郷里、共同体への思い、人、相手への思い）

四、教訓子孫
五、各安生理（天から授けられたものに基づき生きていく。運命を受け入れる）
六、母作非為（不正なことをするなかれ）

これらのことも「チムグクル」として琉球では民に説いていた。

第五節　幕末の嵐

琉球に外国船頻繁

一七九七年、英国艦船プロビデンス号が宮古島で座礁した。島民は手厚くもてなして王府も修理に協力した。帰国後、艦長ブロートンは「航海記」を書いた（一八〇四年刊行）。

この航海記で琉球が西洋に広く知られ始めたとされる。ここでは民の純朴さと礼儀の良さが強調されていて、アジアに関心を持ち出した西洋人の強い興味を引いた。

一八一六年、英国の艦船アルセスト号とライラ号が中国との交渉途中で、朝鮮と琉球の視察を行った。ライラ号の艦長ベイジル・ホールが『朝鮮・琉球航海記』を書いた。琉球

のことがかなり詳しく書かれている。その概要は、

船の修理を名目に一時上陸を要求したが王府役人は拒否した。しかしその交渉過程の琉球人のマナーは極めてよく、庶民も艦船に強い興味を示し、来艦させると大挙して来て、素直な交流が何度もなされ強い信頼関係が形成された。若い俊敏な若者二人は、身振り手振りで通訳を行った。互いに語学の交流ができた。四〇日間の上陸滞在の結果、必要物資の供給、傷病兵の手当などに役人と民は労を惜しまなかった。短時間の散歩程度も許された。艦船が離岸する日、親しくなった数人の民と艦員は涙を流して別れを惜しんだ。

キャプテン、ベイジル・ホールのこの航海記は一八一八年に刊行され、先のブロートンの航海記と相まって琉球の民の純朴さ礼儀正しさは「不動」の情報となった。琉球には武器も貨幣も存在しないという説の源となった（実際は武器も貨幣も存在した。薩摩統治の下では余り使われなかったが）。

その後、一八四四年、仏艦船アルメーヌ号が来て、宣教師フォルカードを降ろし布教活動を要求してきた。王府は拒否したがフォルカードは二年間滞在して琉球につき言語はじ

め様々のことを調査した。

一八四六年には仏艦船が来て宣教師ベッテルハイムを降ろし、彼は八年間滞在して様々の研究を行った（宣教師は強い監視の下行動は制限されていたが）。

一八五一年には、後にジョン万次郎として名をはせる者ら三人が日本への帰国の途次琉球の摩文仁近くの島にたどり着き、六か月滞在の後、薩摩に迎えられた（島津斉彬は彼らを歓迎して欧米の情報を多く得た）。

米国、ペリーの登場

一八五三年五月米国ペリー艦隊が来琉して、国王との面談を申し入れたが断られ、浦賀港に向かった。

一八五四年ペリーは二度目の来琉時、国王との会見を要求した。王府は断固拒否したがペリーは居座り交渉を粘った。王府内の高官らは受け入れるか否か激烈な議論を交わした（薩摩の態度は、「戦闘にならない程度の拒否」、結果は王府側に任された）。

到来して数日後ペリーは兵一三〇〇人、大砲三門、軍楽隊を帯同してその演奏と共に首里城門前まで行進した。長い押し問答の結果として、ペリーと数人の高官に限り入城させた。

北殿に案内して高官の面談儀式を行い、その後大美御殿にて親睦の宴を張り接待した。ペリーは数日後離岸した（この頃、ペリーは琉球の「占領と統治遂行策」を本国に提案している。米国内の政変もありこの案は消えた）。

ペリーは先達の「航海記」を事前に研究していて、「民の純朴と礼節」を琉球に期待していたが、後日「裏切られた、あの航海記は創作だ」と酷評する記事を彼の「航海記」に記した。

このように「小国琉球」は西洋列強に翻弄される環境の中にあった。

各国と修好条約締結

この時期、琉球は独立国として諸外国に修好条約締結を求められ、半ば強要される形で締結している。一八五四年、琉米修好条約、一八五五年、琉仏修好条約、一八五九年、琉蘭修好条約。

この内容は、主に薪水の供給、船舶船員の保護、一定の上陸の許可などで、商圏にかかわるものは少なく片務性の強いものではなかった（外国から見て商圏としての魅力は余りなかったということであろう）。当然、薩摩の監督承認の下でなされたものである。

他方、その後日本で締結された条約は当初和親条約の内容であったが、直後に修好通商条約に持ち込まれて片務的・不平等性の強い条約になった。これに対する怒りが維新の志士達を奮起させる一因となった。

西洋との交流、後日談。チェンバレン

チェンバレン（一八五〇〜一九三五）は東大の語学教師として一八七三年に来日した。彼はその門下生として日本の言語学を支える人材多数を輩出する源となった。上田万年、橋本進吉、佐々木信綱、伊波普猷、金田一京助などなど。

彼は、なんと先に紹介した一八一六年に来琉して「航海記」を書いたキャプテン、ベイジル・ホールの孫である。

彼は祖父の書いた航海記を読んで感激していた。一八九三年、念願の訪琉を果たした。この時のチェンバレンは日本の一流著名人であり、沖縄県知事奈良原繁の手厚いもてなしと便宜を得た。彼の一番の関心は、琉球は彼の祖父が書いた「理想郷」のままであるか？

チェンバレンの著書の結語は次のようであったという。

「琉球の人々の最も顕著な民族的特性は、身体的なものではなく、道徳面でのそれである。

それは彼らの善良な気立てと上品な物腰、控えめで従順なその気質、客に手厚く、親切であること、そして暴力や犯罪に対してはそれを潔しとしないことである」バジル・ホール・チェンバレン、一八九五年（山口栄鉄『チェンバレンの琉球・沖縄発見』より）

また、チェンバレンは言語学、歴史経過などを根拠とした「日琉同祖論者」であり、琉球併合は最善の選択としている。また日本の中央政府は多くの国際的学者を顧問として抱えており、その国際性は評価されるとしている。

第六節　薩摩の状況

原口虎雄の『鹿児島県の歴史』などにより考察する。

島津斉彬の才能と慧眼は、あの歯に衣着せぬ勝海舟が「第一級の英主」と賞するほどである。

漢文も横文字も自在に読み書きできたといわれる。自筆の「阿片戦争始末記」があり西洋の威力と脅威に深い認識があった。大老阿部正弘の信任も厚く「開国」への決意も固かった。

彼は藩の俊才を駆使して西洋知識技術の獲得を進めた。「和魂洋才」「窮理舎密」（物理化学を極める）のためには万金を惜しまずと豪語していた。この姿勢は祖父の島津重豪譲りである。様式軍艦や蒸気船を江戸湾で走らせて、水戸斉昭を感激させ江戸っ子の度肝を抜いたりした。

この二人の金の使いプリには、窮乏財政に苦慮する藩重役ら反感持つ勢力も強かった。俗称「おゆら騒動」では、反斉興（親斉彬）派の暴走で四〇人の斉彬派の藩士が酷刑に処された。

その財政手腕で、軽輩から家老になった調所庄之助の辣腕ぶりは有名だがここでは割愛する。

紆余曲折の結果、一八五一年斉彬は藩主になった（四七歳と遅かったが）。その前から数々の産業を育て人材を育成した。

この英邁の斉彬が「琉球も活用する開国」プランを構想した。

第七節　島津斉彬プランと島津崩れ

薩摩において西郷隆盛、大久保利通ほか明治の元勲となる人材を育てたのは島津斉彬であることはよく知られている。この斉彬は幕末一八五〇年代に、琉球王府に対して次のようなプランを提示した。似たようなプランを何度か提示してきたがその都度王府に断られ、今回（一八五七年）はかなり強硬な申し出である。側近の重臣達にも不退転の覚悟で命令した。比嘉春潮の要約では、

① 琉球・（奄美）大島、山川港で諸外国との貿易を開く。
② 蒸気船を琉球の名で購入する。資金は薩摩。
③ 英米仏の三国へ琉球からも留学生を派遣する（薩摩は派遣済み）。
④ 台湾の適当な地に仮泊できる碇泊場を設けることを中国と交渉する。
⑤ 福州の琉球館を拡大して商域を拡大する。
⑥ 商人を使って大砲を中国に売り込む。
⑦ 交易に消極的な三司官の一人座喜味を更迭する（人事への介入）。

要約すると、琉球を拠点として薩摩琉球が海外交易に打って出る、というものだ。

この時代幕府はまだ「鎖国」の状態である。中国交易が認められている属国琉球を前面に出すのが得策。当時琉球には頻繁に外国船が到来していた。

これまで何度か「開国」のプランを出して琉球側の固い拒否にあってきたから、今回は人事の根回しも十分考えての提案であった。

このプランの遂行責任者は斉彬側近の市来四郎である。市来はかなり前から命により西洋の学問技術の習得にまい進してきた。琉球側の窓口は恩河親方であり世情の動向を理解している人物である。協力者としては琉球の牧志朝忠で彼は平士族ながら中国語、英語に通じ、幕末の異国船到来時の交渉に活躍して、斉彬からはしばしば大枚の褒美をもらい王府内でも異例の昇進をしてきた。

琉球王府も近年の異国船の到来から様々な情報を持ち、「開国」を理解できる者は少なくなかった。国王尚泰は若年であったが、叔父にあたる「王子」たちが脇を固めていて判断力はあった。しかし、開国賛成派対反対派、薩摩派対清国派の争いが長い経過の中で強固にはびこり統一した結論には達しがたい状況である（昇進への妬みなど私怨も深い。血縁人脈のしがらみは狭い島国ゆえにヤマト以上である）。清国派はひとえに「清国に、薩摩支配の実態が明確になり朝貢を拒否される」ことを恐れた（肝心の薩摩にしても斉彬派と反斉彬派が熾烈な拮抗状態にあった）。

このような環境にあって、上記プランは王府において口論乙跋の議論がなされ、何度も要件緩和を薩摩に申し入れたが拒否され、結局「日本国の重大安危にかかわること」という大義名分のもと受け入れることになった。

まず急ぐのが仏より艦船の購入であった。斉彬の側近市来四郎は琉装し名前も琉球式に伊知良親雲上《いちらべーチン》として交渉に参加した。仏人ジラールは琉球の開国方針を喜び交渉は順調に進んだ。先ず戦艦購入契約が急がれ、型式、代金、受け渡し時期など詳細が決められた。代金の受け渡しは一八五九年三月と決まった。

この契約が成立したのが一八五八年八月二日であった。

しかしながらこの日より少し前、一八五八年七月一六日に斉彬が急死していた（齢五〇歳）。市来四郎に家老からすべての計画を撤回して帰国せよとの命令が届いた（「早舟」でも風の状態で遅くなる）。

正に一大事。王府は大混乱に陥る。

市来は切腹覚悟で仏人ジラールに解約を迫ろうと決意したが、王子や三司官らが押しとどめて、「責任者の伊知良親雲上が落馬で急死した。契約は解消してほしい」と何度も仏側に懇願した。

ジラールは怪しみながらも契約解消に同意した。

死を免れた市来は密かに帰国の船に乗った。大風で漂流して山川港に到着したのは翌年の一月だった（「島津斉彬崩れ」）。

薩摩藩は反斉彬派が勢力を盛り返したが、斉彬の遺命により甥にあたる忠義（茂久）が藩主に就いて騒乱を免れた。

琉球王府においては清国派が勢力を盛り返して、開国・薩摩派の責任を問い始めた（「国王の廃立陰謀説」も出て開国派の王子の責任まで問いはじめた）。

結果として、恩河親方は拷問入獄その後獄死。牧志朝忠は一生禁獄となった。

他に開国理解派の小禄親方などが配流された（かなりの拷問が三人はじめ関係者に加えられた）。

これが、琉球側からみた「牧志・恩河事件」であり、その後も重大な事件が起きる。

四年後の一八六二年になって、薩摩は「牧志を薩摩に差し出すように」との命を王府に出した。

藩主後見人になった久光は、兄斉彬の遺志を継いで開国を決意して、西洋人との交渉力の実績ある牧志朝忠の活用を図ったらしい。しかし王府は彼に加えた拷問の責任を問われないかと戦々恐々となり、牧志の薩摩行に抵抗した、が押し切られた。

牧志は七月一九日薩摩の役人と船で薩摩に向かった。

「船が伊平屋沖を過ぎる時、牧志はひそかに海に身を投じて四五歳の生を終えた。何故そうしたかは誰もわからなかった」（比嘉春潮も謎と表現している）。

第八節　島津斉彬プランの現実性

斉彬の急死により頓挫したこのプランはなんとも残念だったと私は思う。

薩摩藩が老中阿部正弘との信頼関係を下に交易力を拡大していったら、また違った日本の「開国」があっただろう。なによりも琉球が英邁の斉彬に協力してこのプランが実現していれば、本土の他の諸藩に先駆けて近代化を実践できたかも知れない。

昔「中継貿易」で栄えた海洋民の魂が復活したかも知れない。薩摩藩によるアジアへの交易進展であるから「帝国主義」になりようもない（歴史にイフは禁物と言うが惜しいことだ）。琉球は守旧派が温存されたまま維新を迎えることとなる。

琉球国の経過

ここで琉球王国の歴史経過を振り返ると次のようである（主に比嘉春潮によるが、山口栄鉄の諸本も歴史の機微を知るうえで参考になった）。

一四二九年全島統一の政権が誕生した。第一次尚氏王朝である。

その後、奄美大島、宮古八重山諸島も王国に取り込んでゆく。

一四七〇年第二次尚氏王朝が誕生した（実際は王統が代わる易姓革命であるが、明国との冊封体制の手前正当な王権継承の手続きをとった。明国は薄々気づいていたが厳格な礼の作法をもって請冊して来たので認めた）。

一六〇九年薩摩の侵攻がありその統治下になった。（薩摩藩の附庸国・属国となった。明国は琉球が薩摩と戦《いくさ》して敗北したことは知っていたが、その後の冊封体制の手続きを琉球側が守ってきたのでそれを了承した。中国では明国から清国に変わる易姓革命の渦中にあったことも影響しただろう。)

第九節　ヤマトの明治維新と琉球王府の対応

明治維新

一八六八年、明治維新。八月天皇即位。九月改元(明治)。

一八六九年、版籍奉還。旧藩主が藩知事になる。

一八七一年、廃藩置県。旧知事は廃され東京に。鹿児島県の新首長は旧薩摩藩士大山綱良が参事(後県令)となる(七月、日清修好条約締結)。

琉球への使者

一八七二年、鹿児島県庁は琉球に使者を送る。奈良原幸五郎(後、繁)、伊地知壮之丞(後、貞馨)ほか。この二人は後の琉球に多大な影響を残した者だが、琉球の高官たちに以下のことを説明した。

イ　ヤマトにおける維新変革の概要。

ロ　琉球は鹿児島県に所属する。

ハ　本土各藩並みに琉球の国体も変更されるべきだが当分の間従前通りとする。制度改革、事務の簡略化に努めること。

ニ　薩摩の琉球王府に対する貸付金は返済免除とする（膨大な借金が残っていた。王府高官は免除と聞いて大喜び。）。

ホ　琉球国は表向き中国の付属である、が現実は日本国付属の国である。

ヘ　清国皇帝は満州人種であり、孔孟の国とは異なる。また今日西洋各国が入り込み、特に英国とは不仲である。中国は将来どうなるか分からない。

ト　世界の情勢は急変しているのでよくよく考慮すべきである（など）。

（この奈良原らの状況認識と説明はかなりの合理性があると思う。筆者）

　奈良原らの説明では琉球王府がどうなるかは定かではないが、莫大な借金が免除されるなどもあり、高官らは希望的観測をすることで安心した（比嘉春潮）。

第十節　明治政府の対応

明治政府は旧薩摩藩から琉球との歴史関係など詳細を報告させて、対処方を検討した。中国はもとより西洋列強との今後の関係上「国際法」を意識する必要もあった。

この頃はまだ琉球の併合につき日本政府の方向は決まっていなかったが、大蔵大輔井上馨らの説が有力になった。すなわち、「日中修好条約が結ばれた今日、あいまいな両属状況は許されない。専属の為の方策を実行すべきである」と。

「慶賀使」と琉球の取り込み

一八七二年六月、大山参事が王府に文書を送り、明治新政府への「慶賀使」の派遣を要請した。これを受けて七月、伊江王子、三司官宜野湾朝保親方、記録係喜舎場朝賢ら一行が政府差回しの蒸気船豊瑞丸で出発した。

（宜野湾朝保は、伊波普猷が「琉球政治家三大偉人」の一人とするほど評価の高い人物だ。中国に二度、ヤマトに六度王府の使者として渡っている。薩摩の歌人とも親しく交流している。世界の大勢、自国の立場も理解している。事に当たって一瞬のうちに、どちらが琉球の民の為になるか判断できたという。）

鹿児島経由で九月三日東京入り。一四日参朝して明治天皇に謁した（鹿児島の式典役人の検閲を受けた）。「賀表」と贈り物を政府へ提出した。天皇は使者に勅語を述べ、「冊封の詔」を外務卿に読ませた。その「詔」の概略。

「―略―、今琉球近く南服に在り、気類相同じく言文ことなることなく、久しく薩摩の附庸であった。―略―、尚泰を琉球藩王となし、叙して華族に列す。藩屏の任を重んじ衆庶の上に立ち、切に朕が意を体して永く皇室の輔たれ、欽《つつし》めよ哉、明治五年九月一四日」

これを受け入れれば琉球はあらためて日本国の一藩となり尚泰は藩王に封ぜられる（しかし、ヤマトでは藩は消滅しており、もともと藩王などという地位は無い）。

比嘉春潮は、王と称せられていた者をいきなり各藩並みに藩知事とすると摩擦も大きいので、王の称号を与えたのであろう、と説明している。いわば方便である（筆者）。

明治の高官はこのような「方便」や「いなし」の言説を多々使い、琉球の使者を上手く取り込んでゆく（これが強者の作法であろう。筆者）。

（東京入りの後、使節の一行は維新直後の東京市中を案内され、多くの会合や行事をこなした。明治政府の重臣たちが次々訪れて意見を述べていく。使者の取り込みである。）

九月一二日には鉄道開通記念式典にも招待されている。天皇が臨席し多くの高官や名士と試乗する（当日の人出一四万人）。一行は旧薩摩藩主島津忠義と同じ第七車両に同乗。

九月二二日初めての天長節。この宴にも一行は招待され丁重なもてなしを受けた。一行の記録係として加わった喜舎場朝賢の「琉球見聞録」によれば、「使節一行はこれらの式典参列を臆することなく威厳をもってこなした。」（日中両属の外交で鍛えた身のこなしには定評がある、とされている）

王尚泰のために当面の資金として新貨幣三万円が下賜され、東京飯田町に邸宅も準備されている、との説明があった。

副島外務卿は琉球を政府直轄県とすべく手を打ってゆく。琉球内の旧藩の奉行所を外務省出張所に改め、先の伊地知貞馨、福崎らを派遣し、また琉球の高官を東京に常駐させるなどした。

このような渦中で「台湾事件」が生起する。

第十一節　台湾事件の概要

宮古島の漁船が強風などで漂流して台湾に漂着した。乗組員六九人の内、三人は溺れ死に五四人は「生蕃」に殺された。助かった一二人は別の「生蕃」や漢族系の県役人に保護され中国福州経由で那覇に送還された（当時、台湾には様々な先住民としての部族が存在して互いに勢力争いもあって、複雑な関係にあったのだがここでは記載を省略する）。

この事件が起こった一八七一～一八七二年頃は征韓論なども盛んになりつつあった時期で、明治政府高官は事件の利用を企てた。

すなわち、日本国民が殺されたのだから、兵を送って犯人の「生蕃」を退治するというのだ。当時、日清修好条約締結の交渉中であった。

日本側は中国の台湾に関する考え方を探り、台湾の「生蕃」は「化外の民」との認識が中国側にあると見た。

一八七四年二月、閣議で台湾征討を決議。陸軍中将西郷従道は出兵を準備した。英、スペインの公使、米の新任公使らが出兵に疑念を表明してきたので一旦中止しかけたが、西郷が出兵を強行した。

台湾上陸後数日間で数十の「蕃社」を制圧し、今後の安全を誓わせた。戦闘に勝利したが軍兵の殆どが病気にかかり苦難の外征であった。

これに対して清国側から抗議があり、英国大使が調定した。

結果日本の出兵の正当性は容認され、被害のあった琉球の民への見舞金や日本側が台湾のインフラ等に支出した資金の一部等も中国側の負担金とさせた。

大久保は台湾占領まで考えていたが、琉球問題への布石の実利でよしとして矛を収めた。

（琉球王府は「台湾征討」を止めるように何度も明治政府に懇願した。台湾の「蛮族」と清国政府の関係を理解していたからだ。なにより、清国との信頼関係が喪失して交易できなくなることを常に恐れた。）

第十二節　「琉球処分」の経過

琉球国の消滅、沖縄県の成立

　この経過を少し詳しく見ておこう。

　琉球を日本国内の一県として取り込む。この方針を明確にした明治政府は、琉球問題の管轄を外務省から内務省に移した。琉球では一八七四年六月中国への進貢があった。また清の同治帝が崩じ、翌年の光緒帝の即位への「慶賀使」派遣問題が起こる。

　明治政府は琉球に対して、台湾征討の天皇への感謝として「謝恩使」派遣を要請し、上京のための蒸気船を一隻琉球藩に寄贈した。また「国際法」の顧問ボアソナードに対処方法を研究させて報告書を提出させたりして、対外国関係も考慮して事を進めた。

松田道之

　大久保は担当者として松田道之をあてる。彼は元鳥取藩士、尊王活動で大久保らの知遇を得て、京都府大参事など地方行政で功績を積む。抜擢されて内務大丞になった。

松田は、一八七五（明治八）年那覇に着いた（第一回目の訪沖）。

日本政府の太政官大臣の命令書を琉球藩に伝達した。

（その概要）

琉球を本土の内政に組み入れる。本土の一県とする。中国福州の琉球館を閉じる。藩王上京。鎮台分営の設置。日本年号の採用。など

方針を示してその同意（「請書」）の提出を迫った。この説得のために数十回の話し合いを持ったとされる。琉球内も反対強硬派、穏和派に分かれて丁々発止の議論が始まった。また各間切りの士族たちも所々に集まり議論したという。

反対派は先に述べた一八七二年東京「慶賀使」組の責任追及を行い始めた。責任者の一人宜野湾親方は病気と称して自邸に蟄居したという。

反対派はさらに王制存続などの嘆願に東京への特使を送ると主張しだした。松田は「わが使命をはずかしめるものだ」と拒否し、「朝命を拒むものは国法の定る所により政府は処分するだろう」と言い、帰京を宣言する。

王尚泰はこの最後通牒を受けて、争い回避を決断して、明治政府への「遵奉の命」を発

する。この命令書を巡って士族高官の間に奪い合いが起こった。松田はこれを見て尚泰の誓書（特使の後には朝命に従う旨の）を条件に、陳情特使の派遣を承認した。

陳情特使

一九七五年九月、三司官池城親方らは陳情特使として、松田と共に出発し二五日東京に着いた。池城らは数次にわたり嘆願書を提出して「日本政府が清国に直接交渉し、清国が同意するなら太政大臣の命に従う」などと申し入れた。大久保は先の台湾事件の処理の経過を説明して、「琉球問題は内政問題」と宣し、太政大臣に「速やかな処分」を上申した。一八七六年五月（いつまでも嘆願を繰り返す）池城らに退京命令を申し渡した。行政官内務少丞、木梨精一郎を琉球に派遣した。

木梨は七月に行政官として着任した。直ちに王府に、「清国との関係を断絶すべき」旨の大臣命令書を手渡した。琉球の司法権は内務省出張所が掌握し、出張所官吏が裁判並びに警察の事務を取り扱う旨申し渡した。

その後清国への渡航は一々出張所の許可を要することになり、予定していた進貢船も取り止めになったので、清国側も怪しみだした。

清国への密航

藩王は説明のため清国への密航を幸地親方らに命じた。一八七七年三月、幸地らは福州につき当地の担当官を通じて北京に事情を訴えたので北京当局も動き出した。

ここから琉球問題は「国際問題」となる。

琉球の切迫した事情を初めて知った清国の駐日公使何汝章は、強硬な抗議を日本政府に繰り返し、琉球の使者も何公使の示唆に基づき各国駐日大使に支援を要請した。

ヤマト政府も激変

ヤマトでも激変が続く。一八七七（明治十）年二月から九月西郷隆盛の西南戦争が勃発。翌年一八七八年五月、大久保内務卿が旧薩摩藩士に暗殺される、など。伊藤博文が内務卿に就き、松田に琉球処分方の検討と報告を指示する。

松田二回目の訪沖

一八七九年一月、松田は東京駐在の与那原親方らと共に渡琉した。松田は藩王に政府の命令書を渡し、「請書」を要求した。「請書」のない時は直ちに帰京する旨宣し、これまでの琉球側の行為を難じた。「中国への密航、東京各国公使への密訴」など。「これらの罪は軽からず」と宣す。藩庁側は「日中で交渉中。もう少し猶予を」と繰り返す。

松田は「後日の処分を待て」と言い残して帰京した。政府は松田の報告を受けて琉球処分法案の作成に入った。その概要は、

「藩王の先年来命令不遵奉の数々により廃藩処分をなす。尚泰の東京移居。もしこれを拒んだら拘引の強硬手段。分遣隊将兵と巡査を増員する」

松田には二回の渡琉により、琉球の民の窮乏振り、下級士族の不満（上級士族の既得権への不満）などの存在により、琉球内の人心は必ずしも一枚岩でないと確信していた。

松田三回目の訪沖

一八七九年三月、松田は三度目の渡琉をなす。巡査一六〇人、鹿児島の歩兵隊四〇〇名も帯同した。松田は太政大臣三条実美の達書を朗読、交付して、藩庁に「廃藩置県処分」を申し渡した。

三司官らはこれまで通りの嘆願を繰り返したが、処分官の強硬な態度に、病臥中の尚泰は首里城を退去して中城御殿に移った。数百名の士族が籠を取り囲み、哀号する婦女は数

知れず（春潮）。ここに、「琉球処分」は一応の完了をみる。しかし頑固党を中心に様々の抵抗が続く。

尚泰王、琉球を離れる

尚泰は極度の神経衰弱症があるので、（王の上京延期嘆願のため）子尚典の上京が許される。上京した尚典は政府に嘆願するが軟禁状態に置かれる。いわば人質になったも同然。

五月一八日政府は船を差し向けて、侍医高階経徳や新県令鍋島直彬、加えて以前に薩摩藩使として藩王はじめ三司官らと面識のある相良長発（宮内省御用掛、陸軍少将）らを派遣した。医師高階は中城を訪問して尚泰を診断し、「旅はかえって良い」旨伝えたという。

五月二七日、尚泰は随員や旧藩吏ら一行百名と船に乗り、盛んな見送りのなか那覇港を離れた（春潮）。

第十三節　琉球分割問題

一八七七（明治十）年幸地親方ら多数が中国に密航して、北京の王府に琉球救済を訴えた。後の記録（一八八四年の報告書）によれば、密航者（脱清人と言われる）は累計一二四人に上り、当時の滞在人は四七人である。内、清王府へ嘆願書を出したのは四人でその累計は六〇件であった（大城立裕）。内、担当役所に受理されたものは二件しかないが、清国高官李鴻章らが琉球に深い同情を示していた。

米国前大統領グラントの調停案

一八七九年五月、前米国大統領グラント夫妻は世界漫遊の途次中国に立ち寄り、李鴻章と会した。李鴻章はグラントに琉球問題を話し、日本との仲介を依頼した。米中修好条約があるのでグラントは了解し次の訪問予定であった日本に赴いた。

七月、グラントは駐在公使ビンガムから詳しい経過を聞き、その後、伊藤らと会見、天皇とも話した。グラントは「分島」での妥協案を示して九月帰国した。グラントによれば、中国の最大の関心事は、台湾周辺と海洋通路であるからその条件を満たせば妥結できると。

幾つかのルートで双方の交渉があり、結果日本は「分島・加約」を提案した。

すなわち、宮古八重山周辺を中国の領土（本島以北は日本の領土）とする代わり、日中修好条約で交易条件を西洋諸国並みにする、というものであった。いわば経済利益の為に「一部の領土」を放棄するというもの。

中国李鴻章の案は、「宮古八重山は中国に、沖縄本島は琉球国に、奄美諸島は日本に」。これは琉球国存続の為でもあった。しかし、中国はロシアと紛争を抱えているなど多難の状況にあり、「日本案」で妥結することになった。

一八八〇年一〇月二一日、「分島・加約」で骨子が固められ、一〇日以内に調印、その後三か月以内に両国で批准、一八八一年二月に宮古八重山群島は引き渡す、という合意まで進んだ。ところが、中国側は内政不調で皇帝の裁可まで進まず期限切れ不調となった。

その後、両国とも難問続出でこの問題は凍結されたままとなった。

日本による琉球沖縄諸島の実効支配、「本土並みの一県」となって歴史は進んだ。

先に触れた「脱清人」の中に林世功（名城里之子親雲上）がいる。彼も何度も北京で嘆願を繰り返して、一八七九年一〇月一七日の嘆願書を最後に自刃して果てた。「分島案」に絶望した結果と言われ、壮絶な七言絶句の漢詩を残した。国を憂えて大義名分のために一命を捨てたただ一人の人として歴史に名を刻んだ（大城立裕『琉球の英傑たち』に丁寧な訳がある。大江健三郎の『沖縄ノート』にも哀惜の文章がある）。

第十四節　「琉球処分」の評価

幕末維新の大激動の中で、明治政府は「国際法」への配慮もあってそれなりに丁寧に対応したのではないか。西欧列強の帝国主義的拡張の時代にあって、「琉球国の自立」の環境はなかったのではないか。

後に詳しく述べるが、伊波普猷はこの処分を「奴隷解放」と呼んだ。薩摩の奴隷状態からの解放と評価した。日本国の一県として、日本国民の一員となることを評価した。伊波は琉球政府と役人の「奴隷根性」をこそ告発している。彼は琉球の文化・歴史を追求すると同時に、民の近代化の為に様々の活動をした。

第三章

明治維新の日本国

首里城の城壁

「属国」であった小王国琉球を、沖縄県として取り込んだ日本国はどんな状態だったか。琉球の民の幸せを保護するだけの力（精神的、物質的）を持っていたのか。明治維新の大きな価値観、「国体」と「政体」、公議と公論、人材の活用（流動化）という観点から考察してみたい。

第一節　「公議」という価値観

徳川幕藩体制とは、大大名徳川幕府を頂点とする三百の諸藩からなる連邦政権であり、政体は徳川譜代大名が構成する「幕閣」が君臨する。天皇家と皇室は幕藩体制に伝統的な正統性を付与する権威として機能する。

実質的には徳川幕府独裁の封建体制と言えるが、諸藩には一定の自主権があり臣下と領民、領土は藩主の「所有」である。彼らにとって「くに」とは、藩のことであり、日本国家は「公儀」、世界は「宇内」と表現される。

この体制が大きく揺らぐのが幕末であり、西洋列強のアジア進出がその根源である。

黒船に「開国」を迫られた幕府は、物質的力を持つ有力諸大名にも協力を求めざるを得ず、幕閣に取り込んで「公議」を尽くす体制を作った。ただし、意見と協力は求めるが政権の意思決定には参画させない。

また、諸藩の国元でも黒船の脅威は身近のものであり藩としての政策を策定する必要があり、「議論」は切実なものがある。知識と行動力のある中下層の武士が活躍する時代となった。すなわち、「公議」という観念は日本国中で共有されることになったといえる。

第二節　大政奉還

この方針も幕閣と大名の「公議」で提案されたものであり、徳川慶喜が受け入れてその趣旨を表明した（大政奉還上表）。そこでも、「公議、公論」の文言がある。

このあと、新政府を生み出すことになる朝廷に設定された「小御所会議」には、総裁、議定の次に「参与」が設定され、有能武士が「公議」に参画して活躍する場が設定されることになる。

第三節　王政復古と五箇条の御誓文

王政復古とは第一代神武天皇の時代に還って天皇親政に還るということである。
平安時代以後の摂政政治、院政そして幕府政治を否定することである。
その天皇（明治天皇。裕宮）が、京都御所紫宸殿で神々に誓ったのが「五箇条の御誓文」である。

その第一「広く会議を起こし、万機公論に決すべし」
第二「上下心を一にして盛んに経綸を行うべし」
第三「官武一途庶民に至るまで其の志を遂げ人心をして倦まざらしめん事を要す」
第四「旧来のろう習を破り、天地の公道に基くべし」
第五「智識を世界に求め、大いに公基を振起すべし」

なんとも迫力ある文言だ。

（因みに、第二次大戦敗北直後の「天皇の人間宣言」で昭和天皇は、この五箇条の御誓文を踏襲すると宣言しているのである。）

この誓文を敷衍した「政体書」が明治元年閏四月に公表された。そこでは明治政権の組織、綱領などが明記され三権分立主義の観念もあったが、翌年廃止されている。

明治政府の出発点は「議会と民権」の発想が強くあったということだ。だから、日本中の埋もれていた人材が動き出したと思う。革命の志士坂本竜馬の船中八策にも「上下議会の設置、人材の登用、外国との国交樹立」などが強調されている。

この価値観の広い共有が、「諸外国から学ぶ、議会の設立、憲法の制定」へと向かうエネルギーとなったのである。

第四節　版籍奉還

「版籍奉還」はこれまで藩主の所有であった「領地領民」を天皇に返すという大革命だ。明治二年一月に「公議」で提起され、激論の末同年六月に実現の運びとなった。これで藩の廃止、府県の設置が決定したのである。しかし、維新の道は平坦ではありえない。国内問題もさることながら、欧米ならびに中国との関係は前に述べたように問題が山積している。朝鮮との関係も重要である。

第五節　征韓論

事の発端は、明治政府の「国書」（新政府への慶賀使派遣要求）の受け取りを朝鮮が拒否したことにある。日本としては、長い歴史的経過のなかで朝鮮を「格下」に見做してきたのでこの拒否に激怒した。

この国書の中に日本の天皇を指す表現として「皇帝、皇室」の文言があった。朝鮮としてはこの用語は、中国（冊封体制下における宗主国）のみが使う用語との認識があったので拒否したのである。

日本の国内事情としては、維新の内戦で活躍した武士たちの処遇が大問題であった。この不満のはけ口として「征韓論」が利用された。「朝鮮も開国すべきだ。日本が指導して開国に導く」という論理だ。

明治初期、新政府の有力者が大挙欧米視察に出払っていた。留守組の西郷隆盛らは「征韓」のための出兵に傾きだした。これを聞いて急ぎ帰国した木戸孝允、大久保利通らは出兵反対だった。欧米の情勢は「国際法」重視であり、また欧米に伍する為には「殖産による富の拡充と蓄積」が第一であり、戦争などやる余裕はないとの認識である。この認識が勝り、岩倉の具申もあって天皇も出兵延期に傾いた。

これが明治六年の「征韓政変」であり西郷、板垣退助らが政権を去った。

江華島事件

明治八年日本の新式艦隊は薪水補給を名聞として朝鮮江華島に接近した。朝鮮側が先に不審行動ありとして発砲してきたので日本側は迎撃した。日本艦隊は短時間の応戦で島の拠点を占拠して、捕虜と戦利品を獲得した。捕虜はその後返した。この戦闘結果で明治政府は自己の戦力の優位性を確認し、かつ「自衛の反撃」ということで国際的にも非難を浴びずに済んだ。この事件は国内の不満のはけ口にもなり、「征韓論」は別に述べた台湾出兵（明治七年）の勝利も相まって下火となった。

その後、明治十年の西南戦争、十一年の大久保利通暗殺事件など国内は揺れ動き、下野した板垣らは議会開設運動を拡大して、「議会の設置と憲法の策定」が大きな政治課題となった。

第六節　明治政府の「公議と意思決定のシステム」の経過

（西暦七〇一年大宝律令の大政官制度は朝廷内では生きており、王政復古の明治になって「明治政府の太政官制」と言われる。天皇親政の中枢機関として機能する。）

正規の会議以外に明治の元勲による「元勲会議」が存在して政局を左右する。

因みに元勲とは当初、西郷隆盛、木戸孝允、大久保利通の三人であったが、彼らの死後は次のようである。

（長州）伊藤博文、井上馨、山県有朋、山田顕義、

（薩摩）黒田清隆、西郷従道、松方正義、大山巌

公卿の三条実美は準元勲待遇。後の「元老」の追加は桂太郎、西園寺公望、大隈重信の

三人だけである。「首班」は彼らの内で指名された。老人は年と共に消えていく。元老たちには方便（苦肉の策）であったものが、その後権威・権力として濫用されることになる。

憲法発布と議会成立までの経過

一八七一（明治四）年、太政官の機能を次の三院に分割した。正院（天皇隣席の最高機関）、左院（立法機関）、右院（法案起草）。

一八七五（明治八）年一月。板垣退助ら八人「民撰議院設立建白書」を政府に提出。

同二月。元老院、大審院、が設置され三院にとって代わる。地方官会議が設置される。

「立憲政体樹立の旨の詔」の発出。

一八八一（明治十四）年、「明治十四年の政変」もからんで、国会開設の機運高まる。憲法に関する「大綱領」が決定される。「欽定憲法、天皇大権、二院制、制限選挙」の大綱である。

一八八二（明治十五）年　伊藤博文、憲法事情につき欧米を調査。

一八八五（明治十八）年、内閣制度発足（太政官制度の廃止）、初代内閣総理大臣、伊藤博文

一八八八（明治二十一）年、枢密院発足して憲法審議すすめられる。

一八八九（明治二十二）年、二月一一日。憲法発布

一八九〇（明治二十三）年、七月一日、第一回衆議院議員選挙、九月二九日、貴族院勅撰議員任命。

同年、第一回帝国議会招集。

　上記の経過において様々の組織で調査研究検討の実務を担ったのは、各藩から抜擢された徴士、貢士であり、書記官として活動していた。その中から後の自由民権運動家（中江兆民ら）も生み出している。

　以上、議会と憲法の成立経過を述べたのは、封建体制から維新革命を経た日本では様々な内乱はあったが、「公議」「衆議」「人材活気」で近代国家の骨格を作っていったとみられるからである。

（因みに、大活躍の伊藤にしてその父君は農民の出で、最貧の武士伊藤家の養子になって武士への道を辿った。）

第七節　憲法と「国体」

広辞苑によれば、国体とは、主権または統治権の所在により区分される。主なものは、君主国体と共和国体である。

政体とは、主権の運用組織と基準により区分され、主なものは、専制政体と立憲政体である。

明治憲法は、立憲君主制ということになる。

明治憲法の立憲君主制（天皇制）は、国の統治のあり方である国体と同時に、国民の「精神的基軸」になることを担わされた。すなわち、非宗教的概念と宗教まがいのものが合体したものとなった。

明治維新は、天皇親政であると同時に「公議、衆議」を基軸とする政治体制であることを求められた。広範な下級武士の参加による政権転覆（幕府ばかりでなく、三〇〇諸藩の解体、既得権の破壊）という性格と、西洋に並び立つという理想が維新に求められた。この両方が極められなければ政権は維持できない。

憲法制定を中心的に担った伊藤博文の認識は次のようである（概要）（鈴木淳『維新の構想と展開（日本の歴史二〇）』講談社、佐々木隆『明治人の力量（日本の歴史二一）』講談社）。

国民の精神を束ねる価値観としては、西洋にはキリスト教という宗教がある。しかし、日本にはそのようなものがない。仏教は一時隆盛を極めたが今は勢力なく、神道にはもともとそのような力はない。国民精神の基軸になるものをどこに求めるか。それは、「万世一系」の伝統を持って国民の尊敬を得ている「天皇と皇室」に求める以外にない。また、不平等条約を改定して西洋に伍するには、西洋基準を満たす憲法制定が不可欠である。この憲法は天皇大権を定めると同時にその天皇は国民統合の精神性を持たなければならない。国際的に認められ、かつ維新に参加した志士たちの求めたもの、「公議、衆議」、さらに「民権」も保証されなければならない。よって、天皇は大権を持つが、その行使は、議会の協賛、大臣などの輔弼、助言、副署を不可欠とする。このことが憲法に明記されなければならない。

不文律、不文法ということ

伊藤ら憲法策定にかかわった高官たちには次の認識があった。

天皇親政、天皇大権と言っても、天皇みずからが権力行使する伝統は日本にはなかった。初期においても太政官制度の官僚が統制していた。摂政関白、院政時代においては官僚機構が統治していた。幕府時代の天皇は何の大権も持っていない。

このことは民も熟知しており信頼している（前掲書）。すなわち、天皇は法令上、大権を持っているがそれを自ら行使したことは一度もない。これが日本の歴史的不文律、不文法、慣習法である。暗黙の了解事項である。「万世一系天皇大権」は言わば「方便」である（筆者）。（因みに、明治政府では顧問団として多くの西洋諸国の専門家を抱えており、自分たちの認識と西洋基準との整合性を一応チェックしていた）。

第八節　天皇の神格化

初等教科書と天皇

立花隆によれば、明治十五年の文部省校正日本小史では、まだ神話部分と実在部分が区別されていた。明治初期の歴史教科書には、悪事を働いた天皇のことも書かれている。例えば、二五代武烈天皇は日本書紀にその悪事を詳述されているが、その一々が教科書にも記載され、なかには残虐の挿絵まで載せていた。しかし順次神格化の記述が高まり、大戦の直前の昭和十六年小学校教科書（初等）では、日本書紀の開闢神話がそのまま掲げられている。即ち、日本は「神の国」であり天皇陛下のご先祖は天照大神である、との解説から始まっている。

天皇は、時を経るごとに「神格化」が高まっていったのである。明治十五年施行の「不敬罪」によって自由闊達であった言論も次第に統制されてゆく。

「近代天皇制」基盤の整備

明治に入って天皇にかかわる基盤が急ピッチで整備されていった。

武家政権の権威付けのために利用され存続していた天皇と皇室はその経済基盤は脆弱なものであった。明治政府の強力なテコ入れで見事なまでの体制を築いていった。革命の道具の位置から統治の実態へと変貌していく。

(その概要)

イ　地方巡幸

天皇はこれまで、近畿の一部しか出かけなかったが維新後精力的に地方を巡幸して民と接触した。

ロ　皇室財産の強化

官有の山林山野、政府所有の公的団体の株券などを皇室財産とすることによって天皇は最大の財産家になり、様々の「下賜金」を民に与えることができるようになった。

ハ　歴代天皇陵の「確定」と整備。

ニ　庶民信仰の場の整備と聖域化

「お伊勢さん」周辺の遊郭旅館などを整備して聖域化を図った。

ホ　橿原神宮（明治二十三年）、平安神宮（明治二十八年）の創建など、民間の観光施設要望に応じた形での歴史と施設の演出。

へ　仮住まいであった江戸城の火災等があり、新たに旧西の丸跡に和洋折衷の新宮殿を落成する。

ト　京都御所の整備

御所は、一時博覧会会場として使われたり、五千円で売りに出されたりしたが、整備利用が図られた。皇室典範で、天皇即位式、大嘗祭などの聖地として使用されることになった。

チ　皇室博物館などの収蔵物を皇室の所有物として扱い、皇室が千数百年の日本文化を保護してきたという認識を浸透させた。

リ　宮中儀礼の復古と西洋化と。

国民統合四点セット

「御真影、日の丸、君が代、万歳」はこの時期に制定され広められた。とりわけ、「万歳」の語は、漢音では「バンゼイ」、呉音では「マンザイ」と発音されるが、「バンザイ」

の発音は、音感の良いようにこの時期に創作されたということだ。抜群のセンスと言うべきか（牧原憲夫『文明国をめざして（全集 日本の歴史 一三）』小学館）。

天皇と古典文学と近世の思想

日本歴史において天皇はいつも神であったわけではない。日本古典文学の名作では天皇は多くの場合人間そのものである。

（私の記憶では）例えば源氏物語では、皇后藤壺と光源氏の密会が描かれている。宿した子のことで藤壺は生死をさまようまでに悩む描写がある。この物語を当時の天皇も宮廷人も楽しく読んでいたのである。また、平家物語では、都に先駆けした木曽義仲は、「なんだ、一の上とは、坊主（後白河院）か童（安徳天皇）のことか」と叫んでいる。

江戸後期、新井白石、林羅山らは「客観派」として、本居宣長、平田篤胤ら国学派は「神国派」として、天皇や日本国についてかなり自由にそれぞれの自説を展開していたのである。

また、幕末維新の志士たちの中枢部分は、時の天皇のことを「玉」と隠語で呼び、手元に保護することを倒幕戦の戦略とした。言わば維新革命のための「道具」であった（立花隆ほか）。

明治初期は活気に満ちていた。時代と共に権威主義と国家主義が進行することになるが、民権派も活躍を始める。

第四章

沖縄の明治維新

焼失前の首里城（大規模改修工事中。2018年 8 月撮影）（2019年10月失火で焼失した）

明治十二年三月の明治政府の琉球処分によって、琉球は沖縄県となった。

明治四年一二月公布の県治条例による本土並み政治が、ここ沖縄県では明治十二年から始まることになる。

第一節　沖縄大混乱

沖縄県としてスタートした当座当然のことながら様々な混乱があった。春潮を参考に混乱の概要を記す。

イ　サンシイ（賛成）事件

当初、王府及び各地の役人は新たな沖縄県庁への協力を忌避した。民衆もこれに呼応し、新県庁への非協力の血判書まで作成するものがあった。

その血判書には、誓約を破る村人は「本人は処刑、家族は流刑」とあった。

宮古島で新県庁の巡査に就任した村人がいた。確かな証拠のない流言（婦女暴行）を流されて、村人たちにリンチまがいの虐殺にあった。

本島から警官隊が派遣されて、村人たちが逮捕され拷問され血判書も押収されて、イモづる式に多数が逮捕され拷問された。

本島にも血判書あるはずと捜索されたが本島では見つからなかった。焼却処分されたのであろう（春潮）。

ロ　新政府への協力者

主に中下級士族は、旧上級士族に恨みがある。「特定の家系とその縁者がうまい汁を吸っている。この既得権は破壊されるべきだ」と。この点ヤマトの下級武士との類似性があるが、志士として活動できるのは孤島ゆえに圧倒的に少ない。

薩摩支配はなくなり、本土の諸県と同等の権利を持つことになるのだから、薩摩の「奴隷」からの解放だとの考えもある。新たな「黒船の新時代」を理解する者らもいる。

先の松田道之行政官に協力して、情報提供、反対派の動向調査までする者も少なくなかった。彼らは「探訪人」（売国奴）と呼ばれて、知られたらリンチにあい家族は村八分にされた。

ハ　「麦収納違反」と大量検挙

新政治の年、地頭は、其の年の収穫物は例年通り自分のものと判断して取り分を収納した。

ところが、彼らの権利は廃藩置県で失われていた。政府から見て横領になるので、三司官二名を含む旧士族約一〇〇名が逮捕され拷問にかけられた。逮捕を免れた三司官の富川親方が県庁と交渉して嘆願書、誓約書を提出して解決することになった。「県の命令すべてに遵奉します」の誓約書を提出させられた（権力は、相手に隙があるときは容赦なく襲い掛かり強権を行使する）。

ニ　改革サボタージュ

他方、旧支配層を懐柔する政策、「旧慣温存」政策を実行する。本土では強行した制度改革の多くを沖縄では遅らせた。権力の恣意によるダブルスタンダードだ。これがさらに沖縄の近代化を遅らせることになったといわれる。後に詳しく述べる。

ホ　善政もあった

砂糖やウコンの政府買い取り価格は市中の動向に合わせて引き上げた。百姓らは、大喜びだった。

第二節　ヤマトから来た県令（知事）たち

先に触れたとおり明治十二年五月、第一代の県令となる鍋島直彬がやって来た。彼は元肥後鹿島（二万石）の藩主で海外視察の経験もある。新進気鋭の華族との評価である。

沖縄の士族三六〇〇人の有禄者、一七〇〇人余の諸役所の役人の保証という大仕事もある。最も遅れている初等教育に力を入れる。師範学校の設立、中学校の設立計画なども進めた。

各種租税改革も行う。

次の第二代県令上杉茂憲、米沢藩主で英国留学。元家令の池田成章（相当の人物と言われる）共々、諸改革に着手する。貧農の状況に深く同情して、本土からの投資などを献言したりする。

次の第三代岩村通俊は山口出身の四等官僚であったが、大久保に推挙されて西南戦争の後始末をした人物。

次の西村捨三は内務省土木局長兼任で沖縄県令に。外国視察経験もある。

この頃（明治十七年）尚典男爵帰沖、ついで尚泰父子も還る。沖縄の人心も安定しだしたといわれる。

次の大迫貞清県令、薩摩人でこの頃から鹿児島出身者が公職や教員の要職を占めだしたといわれる。明治二十年名称が県令から知事に変わる。

次の知事、福原実（長州）。この頃（明治二十年）伊藤博文ら視察に軍艦で立ち寄る。辺境国防の意識高まる。

次の県令丸岡莞爾（高知）は中央の神社局長。波上宮を官幣社に昇格させ国民教育の一環とする。四年の長きにわたり沖縄の行政に従事する（それまでは二年前後）。

この頃本土では、明治二十二年二月一一日、憲法発布。二十三年第一回帝国議会開催。近代国家として富国強兵の方向が明確になる。

丸岡は「旧慣温存」政策からの脱皮の必要性からも、次の知事として奈良原繁（当時五九歳）を推挙する。

奈良原は維新直後伊地知貞馨と共に薩摩の使者として、琉球王府に維新の新制を伝えに来た男。その後、大出世して元老院議官、貴族院議員、日本鉄道会社初代総裁となる。中央政治の中心人物伊藤、松方らの先輩格である。一目置かれてうるさがられてもいる。

中央政府は沖縄の治世安定と「南島開発」、更に「国防」を強く意識していたということであろう。明治二十五年（一八九二年）七月奈良原着任し、以後一六年間君臨することになる。

第三節　沖縄における制度改革の遅れ

政府は沖縄統治の安定化のために、旧支配層の懐柔という政策をとった。沖縄の近代化は大幅に遅れた。本土各府県との比較は次のようである（比嘉春潮）。

	（全国）	（沖縄）
廃藩置県	一八七一（明治四）年	一八七九（明治十二）年
地租改正	一八七三（明治六）年	一八九九〜一九〇二年
市町村制施行	一八七九（明治十二）年	一九〇八（明治四十一）年
府県制施行	一八七九（明治十二）年	一九〇九（明治四十二）年

第四節　日清戦争と沖縄（明治二十七、二十八年）

経過の概要

当時、西洋諸国との不平等条約の改正に目途が立った日本だが、日本は列島周辺に味方国がいない。格下に見做してきた朝鮮を統治下に置きたい、または、強い味方にしたい。しかし、朝鮮は中国とは長い冊封体制下で宗主と臣下としての関係があり、日本の格下になる気はない。日本は強引に江華島条約を口実に部分的派兵を拡大する。

他方、中国は歴史的に朝鮮半島の要請で何度も兵を送ってきた経過があり、「属国」とみなしている。また、陸続きであり防衛上の重要性は高い（これらの点で琉球とは事情が異なる）。

朝鮮では内紛は絶えない。政権内部の内紛、民衆の反乱、国境を接するロシアの干渉など。東学党の乱の鎮圧に窮した政権は清国に派兵を求め、清国は応じて鎮圧する。

朝鮮の政権の一部はロシアと通じるなど乱れる。これに乗じて日本は中国と朝鮮の関係にくさびを打ち込む。

日中の軍隊の小競り合いと謀略は絶えず、ついに宣戦布告。明治二十七（一八九四）年八月一日。中国は強力なドイツ製甲鉄軍艦「定遠」と「鎮遠」を新造して、東洋一の艦隊とうたわれていたが、アヘン戦争後の衰退は争えず、中央軍隊は機能せず地方軍閥がそれぞれ支配しているという状態であった。

明治二十八年二月中国北洋艦隊降伏。四月、日清講和条約（下関条約）締結。

結果、日本は莫大な戦利品を獲得するが、直後に独、仏、露の三国干渉を招くことになる。清国は一層弱体化して、露、独の侵攻を誘発することになった。

沖縄の民の反応

沖縄では中国派の頑固党と呼ばれる派閥がまだ頑張っていたが、中国の敗北が様々な情報で明確になった時、とりわけこれまで清国に渡って救済を嘆願してきた残存者二六人が沖縄に帰ってきた結果、中国敗北の事実は受け入れざるを得なかった。

「中国は琉球を支援する気持も実力もない」との認識が一般化した。

明治二十九年尚泰王の次男以下も男爵に列せられ、尚王家は完全に日本国の華族の一部になった。王子らは髪型を断髪してヤマト風にすることによって、沖縄でもヤマト風が一般化した。

役人に内地人が増え、「大和世」の感じが浸透していく。

沖縄の帝国軍人

沖縄で徴兵制が施行されたのは明治三十一年である（本土では明治二十六年）。

しかし、沖縄の最初の帝国軍人一〇人は志願兵として生まれた（明治二十三年）。

当初、彼らは沖縄の民から激烈な非難を浴びた。ところが、日清戦争後凱旋すると、熱烈に歓迎する層が表に出てきて連日招待された。帝国軍人が闊歩する時代になったのか。

沖縄ではそう単純ではない（と新川明『琉球処分以後』）。

沖縄の徴兵制と忌避活動

徴兵制施行時、徴兵逃れが頻発したとのことである。夫や息子の徴兵「不合格」を、婦人たちは波之上神宮や円覚寺に祈ったとのことである。実際、様々の忌避行為や海外（清国）への脱走を図る人々もいたとのことである。暴動まがいの事件もあった（大江健三郎の小説『万延元年のフットボール』の中の明治初期の農民一揆を想起させる。この徴兵忌避は、本土でも明治六年当時多発したとのことである。百姓一揆まであった）。

であっても、他方で徴兵制歓迎グループがいる。主に、沖縄の「指導者層」である。

新聞人、教育者、そして、キリスト者までも。彼らの多くは「皇民化」推進者である（新川明）。この「皇民化」が沖縄でも太平洋戦争まで引っ張っていくことになる。

民から（底辺から）の同化も盛んになる時代に、おとなしい沖縄の民が徴兵忌避で権力との戦いを辞さなかったことは、将来の自立のために大きい、と新川は言う。

第五節　沖縄の新しい芽（進歩と反動）

中学生ストライキ事件

明治二十八年に起こったこの事件は面白い。

当時の（旧制）中学生は年齢も雑多で、タバコを吸う者や妻帯者まで珍しくはなかったという。年表によれば伊波普猷は一五歳で入学、二〇歳まで在学して退学処分を受けている。

当時の学長児玉喜八（鹿児島出身）は、「沖縄人はまともに日本語もしゃべれないのに英語は無駄である。この授業を廃止する」と言い出した。また、当時の学生や地元の民に人気のあった三人の教師（出身地、新潟、秋田）を休職処分にした。理由は「沖縄の文化、人情にのめり込み、脱沖縄、日本への同化の方針に反する」というものだ。

当時、学生たちは前年に修学旅行で京都に滞在して、三高生たちと交流などしてヤマトへの憧れと向学心を燃やしていた。英語廃止はそのプライドを傷つけ、人気教師排除は怒りを呼んだ。学友会のリーダー格五人が決起して退学願いを提出し、児玉校長排撃運動を始めた。これには各界から多くの賛同者が声をあげて、寄付金も百円（当時一人一年間の東京滞在費は五円程度）集まり、小学生までも応援の声をあげた。県庁は学生の弾圧に乗り出したが、日清緊迫中のいま世論の分断は好ましくないとして、児玉学長は転出（台湾総督府へ）、リーダー五人は退学処分ということで決着した。

この五人は後にそれぞれ各界で活躍する人材達だった。伊波のほか後の海軍少将漢那憲和もいた（休職処分された教師の一人田島利三郎こそ、最初の「おもろ」研究家であった。彼は、後にその集めた資料を伊波に託して研究者としての大成を促した）。

新川明はこの事件を次のように評している。

「当時の沖縄人エリート層の心情をきわめて象徴的にあらわした事件の一つであった。一方に日本国民意識の強烈な発揚があり、他方には共同体意識に根ざした郷土愛的な地域ナショナリズムへの愛着が強く、そのからみ合いによって微妙に屈折する心情は、明治以来今日まで、顕著な沖縄人の意識構造の形態としてある」

宮古島の「人頭税」廃止運動

薩摩から重い税負担を課せられた琉球王府は、各村々に「人頭税」を課した。

この負担は宮古八重山に苛酷なものとなっていった。特に女には上質の反布織の負担が課せられ検査も厳しく、まさに女は税金としての反布織りの為に生きているとまで言われた。男も重い頭割り賦課であった。この重税が明治の世になっても続いた。この時期にたまたま来島していた新潟県人中村十作と那覇人城間盛安がこの酷状に同情して、農民の主だったものらとともに反対運動のリーダー格になり盛り上がった（詳細略）。

那覇の県庁は改革に乗り出したが、旧支配層の抵抗が強く改革は止まった。業を煮やして中村と城間が東京請願に導いた。東京では新聞が騒ぎ貴族院も動いた。「我が東洋の関門というべき宮古島、人口三万五千人で官吏が三四〇人の旧態状況。民は酷税に喘いでいる」として書記官に調査させた。結果として改革は進められた。この背景には、士族と平民の複雑な格差構造が長く続いたこと、それは首里王府の離島差別政策の蓄積の結果でもある。

県庁を動かし中央政治を動かした運動として今日も民権派の評価は高い。

南島の民の貧困

元青森弘前藩士笹森義助（一八四五～一九一五）に、『南嶋探験』（一八九三［明治二十六］

年）と題する書物がある。前年一八九二年には『千島探験』を著している。

笹森は政府の支援なども得て南島を調査したのである。その報告で民の貧困状況を描いている。

首里・那覇人の生活状況は奥羽の小藩、弘前藩に近い。沖縄島の他の地域のそれは北海道土人より少し上。宮古八重山人のそれは北海道土人より下と言わざるを得ない（後藤乾一『近代日本の「南進」と沖縄』）（土人という言葉は当時法律にある用語で「現地の住民」の意味で、蔑視用語ではなかった。その後、主にアフリカに関する漫画などで、未開人的に多用されて蔑視用語になった。島）。

同様の観察は第二代県令上杉茂憲その書記官池田成章の報告にもあり、貧困にあえぐ民の救済を中央政府に訴えている（一八八二年頃）（比嘉春潮）。

第四代県令西村捨三の著書『南島紀事』にも同様の記述がある。

「住まいは茅葺小屋、低い土間に筵ひき家畜も雑居、農具は鎌と鍬だけ、衣服は二、三枚で年中事足りる。食料の芋も砂糖黍も簡単に収穫できるから余り工夫もいらない。字を読める者すくない、日々気楽なものだ。まことに南の楽土と言うべきだ」（同上）

先に外国船船長らの琉球体験記で、民は純朴で道徳心厚く品位さえあるというような観念が西洋に広まったことに比べ、ヤマトの実地報告は民の貧困を強調している。どちらが本当なのか。

外国船船長らが見た琉球の民は主に選ばれた民、地域であっただろう。ヤマト人の調査報告では貧しさを強調したり、ノー天気ぶりを強調したり報告者の価値観が反映しただろう。どれも本当だが、生活水準の低さ、地方の民の教育水準の低さは歴然としている。

貧困で救済が必要か、南島の楽土か、解釈はいろいろ成り立つが、「帝国の民、天皇の赤子」としては改革が不可欠ということになる。

公同会事件

明治二十九年、旧王の第二子尚寅（男爵）ら七名が発起人となって政治団体「公同会」が結成された。これの趣旨は「新県沖縄の人心の団結による皇民化の推進、沖縄人材の活用」と言える。まず、「知事を王家が世襲することによって、県民の県庁及び親政府への信頼が強化される」というものであった。この運動のために多くの人士が集まり、組織的に全県を遊説した。七万三〇〇〇人の賛同者名簿を集めた。

賛成派は、旧大名、士族高官、東京遊学帰り数名の識者、旧役人地方有力者、要するに既得権益者層である。反対派は謝花昇ら改革派、東京青年会など。旧既得権者は当然、東京帰りらも「内地人の闊歩」は許せなかった。「既得権」だけではなく「自治権」を要求するものでもあった。

中央政治や新聞にはこの運動は「復藩論」、「復古論」と映った。廃藩置県による近代国家建設の観点から見てアナクロニズムと一笑された。

東京へ請願に来た尚寅らは、時の野村内務大臣に「このような復藩論的な自治権要求運動を続けるなら国事犯として処罰する」と脅しつけられた。運動は早々に消滅して、旧支配層は新勢力である県庁役人や薩摩商人らとの癒着による勢力温存と殖産活動へと転換することになる。これらを契機に、中央政府も旧慣温存を脱して新たな施策を沖縄でも推進することになる。中央から気鋭の官僚を送り込み現状調査と施策を研究させた。

第六節　謝花昇（一八六五〜一九〇八）と民権運動

（主に大里康永著『謝花昇伝』にそって考察する。）

謝花は東風平の農民の子であるが、明治十五年一八歳の時、第一回県費留学生五人の一人に選ばれた。他の四人は上層の士族の子弟である。謝花の秀才ぶりは衆人の一致するところであった。東京では主に帝大農学部で農業政策論に精出した。常に成績優秀だったという。恩師たちはその才能を見込んで東京で勉学を続けるよう説得したが、謝花は明治二十四年帰郷を選択した。

那覇港には東風平村の農民多数が蓆旗を掲げて歓迎したという。立身出世の英才に大いに期待したのである。

彼は沖縄県庁に八等官技師として迎えられた。その翌年中央政界の大物奈良原繁が知事に就任した。謝花は主に農業政策に従事して、五年後に「沖縄糖業論」を発表している。名著と言われている。明治三十一年に辞職するまでには五等官から従六位にまで昇進しているが、心中穏やかな日々ではなかったといわれる。

鹿児島県人が県庁はじめ教員など目ぼしいところで幅を利かせており、沖縄県人を軽視する。商業においても薩摩商人が目ぼしいところを抑えている（薩摩人は、西郷隆盛の敗北のうっぷんをこんなところで晴らしていたのかも知れない。琉球の民は長年富を横取りされた。その富の蓄積が明治維新における薩摩の財政力となった、との説も多々ある。日本国に併合されて平等になったのに、侮蔑されたままということになる。この落とし前はどこかでつけてもらったのであろうか？　筆者）。

他府県出身の役人らの多くも奈良原治世に反発して辞職するものが後を絶たないという状況であった。謝花は農地開墾問題（杣山処分）で奈良原知事と鋭く対立するようになり、辞職を選択することになった。謝花は他の退職役人や郡部の改革を求める教師や農民らと共に、改革に立ち上がった。

奈良原の排斥を求めて当時の中央政界、民権派の大隈内閣の有力者板垣内相に陳情した。沖縄の国政参加を急ぐように運動した。東京の多くの知名人が謝花に協力を約したという。ところが明治三十一年八月、尾崎行雄文相の「共和演説」事件で大隈内閣は短命に終った。沖縄問題は中央政界の関心を失ってしまった。

奈良原らと鋭く対立した問題にもう一つ「農工銀行」役員選挙がある。謝花は役人時代この設立に尽力して多くの郡部農業者の支持を得てきたから、取締役に選ばれていた。取締役から頭取を選出することになって、奈良原派と対立、紛糾の結果謝花派は負けた（経過を詳しく説明すべきだが長くなるので省略する）。

問題の核は、農民の立場に付くか公同会人脈と奈良原派の癒着グループに付くかの対立である。金（既得権）と権力、対、農民と庶民、この構図はいつの時代も変わらない。
農民出の秀才謝花が庶民の側に立って、全力で闘ったことに大きな意味があると私は評価する。沖縄に国政選挙が施行されたのは十数年後の明治四十二年、謝花らの参政権参加運動は時期尚早であったかも知れない。遅延した理由としては「地租、国税納税問題」など中央政権側の言い分もある。しかし、権力側の言い分を聞いていたのでは歴史は前進しない。

中央政治においても、板垣ら八人が「民撰議院設立建白書」を提出したのは明治七年であり、施行されたのは明治二十三年だった。これから見て板垣らは時期尚早であった。しかし、時期尚早であっても理想があるから歴史は進むのである。

さらに、謝花は奈良原派の妨害や弾圧に抗して沖縄倶楽部を創り、「沖縄時評」を刊行するなどあらゆる努力を尽くす。権勢派（旧支配層）は既に「琉球新報」を刊行していて謝花を常に攻撃していた。これらの争いと弾圧に謝花は持てる力を使い果たした。

一九〇一年、遂に再起を期して謝花は一旦沖縄からの脱出を図る。途中、神戸駅で発狂する。知人に救助されて沖縄に護送されたが、廃人同様で故郷に臥す。狂ったまま一九〇八年一〇月二九日没する。妻子ご家族の永い御苦労幾ばかりか。

第七節　同志当山久三らの移民事業

大里康永は謝花の同志として二〇人ばかりの人となりを紹介している。いずれも大変な努力家であり苦労人である（近代中国の父と言われる孫文に信頼された新垣弓太郎など、興味深い話は多々あるが割愛する）。

金武村出身の当山久三の移民事業は歴史を創った。この移民事業のバックボーンは、謝花らと東京で学んだ玉利喜造博士の「植民論」である。狭いやせた土地にしがみ付いていても繁栄はない。移民として広く海外に雄飛すべきという心意気であった。

第一回は明治三十二（一八九九）年ハワイ。沖縄からの三二人は東京で旧国王尚泰にも励まされた（因みに本土からの移民は六四一人）。

ハワイでは早速言葉で苦労した。日本語の通訳だけではことは進まず、沖縄方言、日本語、英語の三段階の翻訳がいる。当時の移民は「契約移民」と言われ現地の事業者に統治されるので、ハワイ州政府の保護はなく奴隷的強制もあった（米国移民法が成立してこの移民契約は破棄され、一定の保護が得られるようになった）。

また、同じ頃渡った本土の日本人にも方言故に蔑まれた。余りの過酷さに「移民解除請願」の動きまであり、この情報が伝わり沖縄の当山は家族から怨まれる羽目になった。またハワイでペストが流行るなどその苦労は枚挙にいとまない。

当山は若い同志平良新助にハワイ調査を依頼するとともに、自らも本土各地の移民事業を視察した。これらの情報整理により見通しが持てると共に家族への説得も可能になった。

第二回目は明治三十六年、この時四五人が集まり当山自ら率いてハワイへ行くことになった。これの募集に苦労していたとき、一回目のうちの六人が小金を持って帰国した。沖縄では大金、多少の農地も買える金額。これで「移住」が沖縄県民の眼を開いた。

三回目は同じ年。五一人が集まり神戸まで着いたとき「ハワイの定員」が満杯になっていて受け付けられない。ここで当山は、かねてより目をつけていたフィリピンへと行路を変更して団員を導いた。ここではマラリアにあい大変な目にあった。それらも乗り越えて次の年明治三十七年には移住者が大きく増加した。フィリピン三六〇人、メキシコ二二三人。翌年はニューカレドニア三八七人、明治四十年には一五二人がカナダ、四一年には三五〇人がブラジルへ。フィリピンでは大城孝蔵が当山の後継者になり、後々日本人会会長になるなど大活躍した。

米国に渡った平良新助は各地を回り農業、ホテル、レストランなどの事業に手を染め多くの芽を育てた。

大下英治の最近のレポートによれば、二〇一六年「第六回世界ウチナーンチュ大会」が那覇で挙行され、当時の沖縄県知事翁長雄志が最終日の一〇月三〇日に挨拶し、この日を「世界のウチナーンチュの日」とすると宣言した。今後も五年ごとにここ那覇で開催される。当時の出席者、世界二六ヶ国二地域から集まって登録した参加者は七二九七人と記録されている。その頃世界各地に在住するウチナンチュー（沖縄出身の日系人とその子孫）は三六万人を超えるといわれる。日本国内でも突出した「移民県」の路を切り開いたのは謝花の同志たちだった。

第八節　明治初期の教育

琉球にも士族の子弟中心に教育のための学校はあった。ヤマト各藩の藩校に類するものがあった。また各地域に寺子屋に類するものもあった。

明治になって歴代知事は教育の充実に熱心だった。初等教育に力を入れたが当初は「反ヤマト」の風潮もあって普及しなかった。「会話伝習所」による日本語標準語教育で、民のなかから教師を育て後の師範学校になった。

中央政府は当初沖縄の近代化を急いだが、旧既得権層の懐柔を優先して「旧慣温存」政策に変わって改革は放置された。初等教育も就学率が低いまま続いた。

他方、ヤマト各藩（府県）は官民挙げて教育に力を入れていた。「文明開化、西洋に並ぶ」の国是は全国に浸透して学問はその基礎であった。ヤマトでは文明開化（西洋化）に遅れるものは「野蛮人」扱いされた。江戸っ子の気風、啖呵も野蛮人扱いされた。「アフリカの未開の野蛮人である」と福沢諭吉は書いた。島国根性で狭い了見のヤマトの民、つい数年前まで自らが古い風俗と慣習にあったことを忘れ、各地の頑固者や丁髷などを指して野蛮人の象徴とあざけりだした。これが、朝鮮人や中国人さらには琉球人を蔑視する風潮につながったと思う。

政府の沖縄に対する旧慣温存政策が沖縄の後進性を決定的にした。大変革の時代にあって、二〇年近くも近代化政策が遅れたのである。沖縄での教育システムは、師範学校卒業生が現場に出るころ、県費留学生が世に出るころ拡充しだした。

「富国強兵」はヤマト政府の国是であったがそれは西欧に並び立つためであって、「皇国臣民思想」の為ではない。別項で述べたように「忠君愛国」の教育勅語が出されたのは一八九〇（明治二十三）年である。この文言の採用の賛否を巡って政権内でも様々の葛藤があった。そのため時の文部大臣森有礼は右翼のテロにあった。「天皇神格化、臣民教育、皇民化教育」が初めにあったのではない。後から作られていったのである。沖縄の教育が拡充する頃にこの「皇民化」が普及しだした。不幸の深まりであると言うべきである。

日本語標準語教育

沖縄の小学校での日本語標準語の教育を、「同化政策、臣民政策の強要」と見る意見がある。「植民地政策」とまで言う意見も今日出てきた。日本本土に遊学するあるいは職を求めて働きに出る人は皆標準語の壁に苦労した。海外移住の現地でも沖縄県人は他府県の人々との間で「方言」ゆえに苦労した。だから、沖縄を出る前に標準語をしっかり勉強する。これは当然のことだろう。問題は、方言を蔑視する、さらにはその地の民俗、芸能、個性ある文化を蔑視軽視するところにある。

ヤマトにおける初等教育は、「皇民化教育」として次第にその様な傾向を持ち始めた。

「純粋ヤマト民族」神話だ。「万世一系の天皇の赤子」という洗脳だ。「日本神国」論と並立する。今日でも潜在的にヤマトの一部に潜んでいる。

沖縄はこの被害をまともに受けた。しかし本土の多くの知識人が沖縄文化を愛し応援した。これらのことは、明治大正昭和の歴史を見ていかなければ正確には論ぜられない。ここでは指摘に止める。

第九節　伊波普猷の歴史認識

「奴隷解放論」

伊波普猷は薩摩統治時代の琉球は奴隷状態だった、との認識だった。中国との冊封交易の機関として利用され利益を横取りされた、「鵜飼の鵜」みたいなものだ、と。

さらに琉球王朝繁栄の根源だった外国貿易を統制禁止された。東南アジアにおける交易はヨーロッパ勢が進出して来て減少傾向にあったが工夫の余地はあったはずで、この自主性を統制されたことは自立国のためには大きなダメージになった。

琉球王府はその自主性と繁栄への主体性を奪われて、言うがまま、されるがままの精神状態に陥った。向象賢や蔡温の優れた指揮官を得て持ち直したが、名指揮官が常に活躍するとは限らず、しだいに自主性を失ってしまった。中国の冊封体制維持のために対外的には独立国の体裁を保つが、背後の薩摩による統制は厳しい。

明治維新で薩摩の支配は廃止され、琉球は沖縄県として日本国に組み込まれた。伊波はこの状態を「奴隷解放」と評価したのだ。さらに、「大日本国民に這入っていった」と称賛さえした。この評価には後々反発が多い。階級史観とまで行かなくても農民の状況、支配統治されている民の困窮状況の分析がない、と批判されている。

琉球処分（琉球の併合）は結果として多大の苦難を琉球沖縄の民に押し付ける結果となった。しかしこの苦難は始めから決まっていたものではなく、日本が路を誤ったからだと私は思う。西洋に伍するとしてあまりにも前のめりになり、「帝国主義戦争」に引きずり込まれた。

明治維新の日本は多くの脆弱性と矛盾を抱えながらも活気に満ちていた。伊波が奴隷解放と言ったのは、かっての王府の主体性のなさを告発するもので、日本に組み入れられたことは積極的に評価している。明治になっても旧王府と指導者層の多くは中国の冊封体制に頼ろうとした。この認識誤り、主体性の無さを伊波は攻撃しているのだ。

「琉球は日本の縮図」論

伊波の歴史認識でもう一つ「琉球は日本の縮図」というものがある。大正末期出版の『古琉球の政治』で述べられ、また大戦後すぐに出版された『沖縄歴史物語』の副題が「日本の縮図」であることからも、この認識の重大性がわかる。

その意味は、琉球の建国統治の完了、すなわち尚円の時代の政治の仕組みと宗教の仕組み、祭政分離のやり方が、崇神天皇のそれと類似している、というのである。

その類似性の特徴は政治統治力にあるという。種族、宗教の異なる集団を融合する高い統治力が似ている、としている。宗教の類似性については、双方に混在している儒教、仏教の影響を取り除くと残るのは「神道」でヤマトと琉球のそれは似ている、としている。

そして、明治大正の今日は、日本の崇神天皇、琉球の尚円の時代の国創りの時代に似ている。すなわち多民族の統合という課題に取り組んでいる、と言う。

ほかにも類似性（縮図）の事例をあげているが、ここでは「政治的統治力」なるものに注目したい。

伊波は『古琉球の政治』で、日本は明治になって琉球、アイヌの異族を併合して日本国民に取り込めたのは統治力の賜物だと言う。さらに近年になって（明治大正時代）、マレー人も、シナ人も、朝鮮人も這入ってきた。今日の政治家は今やこれら素性の異なる異民族を包容して一大国民を造ろうとしている。政治的に統一しさらに精神的に統一しようとしている。

このような時代認識のもと、伊波はいまの日本にそんなことができるのか、と危惧を表明している。一部の教育家は「武士道」でもって多数の異民族の精神的統合をしようと言うがこんなことは噴飯ものだとしている。

私がここに拘ったのは伊波普猷という歴史と思想の大家でも時の日本帝国の躍進に目を奪われた、ということ。しかし、多種の「国民」を精神的に統合する力はないだろうという危惧を提示する力を持っていた。結果としては思想も物流もすべて至らなくて日本帝国は崩壊する。伊波は少なくとも精神思想の面でその脆弱性と矛盾に気づいていてかつ表明していた。

明治の元勲たちは「方便」で矛盾を糊塗し困難を一時的に乗り切ったが、その後日本国民はその「方便」に歴史のしっぺ返しを受けた事は明らかだ。権力者が使う「方便」や

「いなし（あしらい）」は一時的に事を処理できても、そこにはらまれている矛盾を是正しない限り後々国家と国民に大災害をもたらすということだ。

付論一

日本における神国思想と天皇神格化に関する覚書

今帰仁城、見事な城壁

1　人間の持つ「基本的欲求」と神国思想

人は自己の安全並びに自分が属する共同体の安全を求める。さらに自己と共同体の尊厳を求める。国家も自己が属する共同体と認識されるから、その安全と尊厳を願うのは自然だ。自分の国を「神国」と願うのも自然だろう。

2　日本列島の特異性

日本列島は大陸から遠く離れ、古代国家の成立以来その国土は他国と接してはいない。他国人と接する機会が少ないから配慮も少ない。いわゆる「島国根性」になりやすい。

3　歴史環境

人類の日本への到来は北からあるいは南からと幾つかのルートが考察されている。大陸から半島経由によるものが多い、は通説だ。ヒトだけではなく文明も情報も多くが大陸からの伝来である。したがって大陸と半島とについては、利害と感情が深く結びついている。日本列島の権力者は半島の諸勢力と多くの関係を持ってきた。感情的には、尊敬もあろうし張り合いもあろう。半島に生まれた国々（高句麗、新羅、百済）との利害関係と貸し借りも多様だろう。特に百済とは関係が深く、他の二国と争う百済には軍事的支援を行うことも少なくなかった。半島の一国を支援する中国の存在を常に意識してきた。

中国と朝鮮から多大の恩恵を受けながら、愛憎と対立も多く生まれた。

4　統一国家の確立

大化の改新、壬申の乱を経て天武天皇の勢力がヤマトの政治権力を掌握する頃に、律令国家の基盤が整備されていった。この少し前六〇七年、遣隋使小野妹子が中国皇帝に差し出した国書には、「日出るところの天子、日沈むところの天子に送る、つつがなきや」とあった。

大帝国中国皇帝からみて、倭（日本の古称）は東夷（東の蛮国）のような小国だ。「礼儀をわきまえない野蛮人め」と思ったことだろう。日が出る方向を賛美することは自然の感情で中国の古典詩にも多々謡われている。生意気な文言も中国古典から借用したものだ。

他国と張り合う、他国と比較して優位のところは誇張するなども自然の赴くところだ。中国への張り合い、百済への支援などからくる朝鮮への優位意識も自然であろう。

5　天皇権力の確立

天武天皇成立のころに律令国家への基盤が整ったとされる。その頃に国史「日本書紀」の編集が始まった。すなわち国家意識、天皇政権の権威の確立策が遂行された。

神功皇后の「新羅征伐」の話に、皇后の軍船に征伐された新羅の王は、「東に神国あり、日本という。また聖王あり。天皇という」と言ったと書かれている。この話は「神国」論への粉飾だろう。他国に張り合う、自国の兵や人民を鼓舞するための粉飾だ。国内諸豪族への君臨、人民の統治のための「神話」と儀式、法、律令格式などが整備されていく。

これら律令国家の外形、思想、理念の多くは中国からの借り物と言われている。その借り物の上に「神聖思想」が接木されてゆく。「天皇の神聖」が及ぶ化内は「清浄」、化外すなわち周縁と外は「穢れ、邪悪」ということにつながる。日本的中華思想だ。

6　中国の皇帝との比較

国家の外形と法、思想、理念に関しては多くを中国から借りながら、中国皇帝と日本の天皇の「地位の源」には決定的違いがあるといわれる。

中国皇帝の権威の源は「天命」による。天が命じる根拠は「徳」とされる。徳のあるものに「天命」が下る。という論理で、したがって徳を失った皇帝は「天命」で打倒される。皇帝の血統は改められる。即ち「易姓革命」の思想である。

日本の天皇の地位の源は、「天照大神の神孫」であるところにある。即ち神の血筋の子孫が天皇の地位を継承する、「万世一系」とされる。日本ではこの思想の下に「神聖」化がすすめられる。

7　日本の思想、哲学の脆弱性（近代まで）

日本では大陸から伝達される文明をひたすら受け入れあるいは取捨選択すればよい。根源から生み出す必要はない。伝わってくるものを上手く享受あるいは加工修正してより楽しめるようにすればよい。法哲学は借り物だが、感性は極められる。理屈は漢心《からごころ》、感性はヤマト心というわけだ（陳舜臣、堺屋太一ほか）。

8　神国思想の変遷

朝廷の政治は当初は天皇自ら君臨する天皇親政であっただろうが、いつからか天皇周辺の者たちが実権を持つようになる。天皇の権威は「儀式」を保つことによって維持される。古代の神国思想をまとめたものに南朝の重鎮北畠親房の「神皇正統記」がある。この古代天皇像が近世になって儒教思想と結合されるなどして水戸学派の国粋主義的神国論となり、尊王志士にも継承されていく。また客観的学問としての「国学」の研究も深まったとされる。

「万世一系」神話は根強く継承されて歴史の様々な局面に現れる。

一例をあげれば、秀吉の朝鮮侵攻も「神国論からの妄想説」がある。唐・天竺までの制覇を構想（妄想）して、その道程として朝鮮に侵攻した。

ついでに付け加えれば、「必ずしも妄想ばかりではない」、というのが陳舜臣だ。その頃の中国王朝、明国は国内が疲弊しておりその後、わずか数十万人の民を統治していたに過ぎない騎馬民族の満州族の軍隊に滅ぼされた。秀吉が動員できる兵はその軍隊の数倍であったろう。もし、朝鮮侵攻が成功して中国にまで侵攻していたら歴史は変わった。薩摩の侵攻もなかった。半信半疑の話だがリアリティはあろう（陳舜臣『沖縄の歴史と旅』『日本人と中国人』）。

9　天皇の政治利用

その最たるものは明治国家による「天皇神格化」であることは別稿で述べた。大戦後天皇の「人間宣言」によって「神国」を声高に吹聴する者はあまりいないが、天皇の権威は国民の中でも根強く、人心を慰撫するために多くの場面で活用される。

戦後「象徴天皇」を論じたタカシ・フジタニ（カリフォルニア大学〔当時〕。日系学者）の説は説得力があると思う（その要約）。

「宗教並びに精神的文化的権威としての天皇制は、常に支配者と共に、あるいはその手中の中で存続してきた。

今日、二十一世紀に入りグローバリズムの時代になってその役割はますます大きくなった。すなわち、海外市場の開拓安定に不可欠だ。皇族が海外に行くことによって過去の大戦の被害者の感情を癒し、海外に移住した日系人とその子孫の癒しと励まし、海外在留企業戦士の励ましなどに効果は大きい」

「しかしこの天皇制は時の支配権力と結託しているために、社会に存在する諸矛盾や権力にとって不都合やさらには様々の社会的差別や格差を固定化する機能を果たす。」

(『日本の歴史　二五巻』第六章、講談社、二〇〇二年)

10　煽動家の手法と国民

神国思想の背景には「神話」だけではなく人間の様々の欲求や感情がある。生存、安全、尊厳など人間が持つ基本的欲求と、神話と統治の政策などがからみ合っている。ナショナリズムはその現れの一つだ。

これら国民の持つ感情・欲求・神話をくすぐる言葉をちりばめて、民衆を叱咤激励するのが煽動家だ。

この煽動家あるいはプチ煽動家は右派政治家や文化人の中にいつの時代にも多く存在し、そのエピゴーネンは国民各層の中に多く存在する。人は勝ち組の中の一員であることを願う。

11　危機は繰り返す

神国論者は自国の「神聖性」ゆえに、他国、境界、周縁を危険・邪悪・野蛮と見做しがちである。異国、異族、社会的マイノリティへの蔑視につながりやすい。また、「神聖」への忠誠、犠牲が民に強要されることにつながる。ここに「神国論」や煽動家の弊害と危険性がある。

　余りにも多いので一々名をあげないが、私の生きた戦後七五年間でも、繰り返し右派煽動家が手を替え品を替えて登場した。

　もう一つ付け加えるならば、「神国思想」は、「根拠のない信頼性」につながりやすい。「原発の安全性」、「米国の核の抑止力」などは、「根拠のない信頼性」だと大江健三郎は言う。どんなに事態が悪化してもその内「神風」が吹いて助かる、と多くが密かに信じている。

付論二

大江健三郎と沖縄

中城の壁

大江健三郎が沖縄を最初に訪れたのは一九六五年大江三〇歳の春だ。文藝春秋社主催の文士講演会の一員としての参加であった。勉強家の大江のことだから沖縄についても相当の情報量を持っての参加だったと思われるが、初めて見た沖縄の状況に驚愕したのだろう。大江は一人滞在予定を延ばして沖縄に留まることにした。滞在延期資金のドルは琉球絣を買う予定だった有吉佐和子から借りた。

沖縄滞在中多くの現地の若手研究者や新聞記者、芸術家（後に活躍する怒れる若者たち）が大江の取材に協力してくれた。新進気鋭の芥川賞作家に青年たちも協力し甲斐があったろう。

ヒロシマを数年にわたって訪れ、原爆症に苦しむ被爆者や治療にあたる医療関係者たちの苦悩を雑誌『世界』に連載した大江にとり、広島長崎の被爆は二十世紀最大の悪魔が生み出した「不条理」だった。不条理の中で懸命に生きようとしている被爆者、そして情報の少ない原爆症の治療にあたる医師たち、絶望しかない状況で生き抜いていること、そこに大江は人間の威厳と希望を見出す。

沖縄の「不条理」はまったく異なる不条理だ。本土の果て九州島その最南端佐多岬から数百キロ南西に浮かぶ沖縄島。「孤島」故の苦しみ、歴史の特異性、長い薩摩藩支配、明治政府の強権発動による琉球併合。

さらに太平洋戦争末期の本土防衛の盾（捨石）としての沖縄島。皇民化教育の洗脳と日本軍兵士の暴虐による集団自決、さらにさらに「沖縄切り離し」による日本の独立（一九五二年四月二八日、サンフランシスコ平和条約・日米安保条約発効）。

米軍による統治、核戦略基地としての沖縄、ベトナム侵攻基地としての沖縄。出撃する米軍兵士の精神的退廃と暴虐にさらされる基地に働く住民たち、その周辺の女たち青少年たち。広島長崎で被爆した後沖縄に帰った者たちは、被爆症情報が沖縄に無い（米軍の秘密）故に治療放置された。数え上げればきりがない。

大江の苦悩と思想の深淵のすべてが生々しく沖縄にはある。すなわち、反戦、民主主義、反核兵器の人類の願い、そして「壊れ物としての人間」を蹂躙するものがすべてである。

大江文学の根源の一つ「村の生活の中心、根所。魂の還る場所」の日常も沖縄の村には生々しくある。だから大江は取材に協力してくれる人たちに、素朴なあるいは難解な質問を次々に発する。聞かれた人たちは穏やかに丁寧に答えてくれる。しかし、大江には「問題の核心」に届く気配が感じられない。何故なら、沖縄の持つ問題の大きさ複雑さその酷さについて、沖縄に来るまでは深刻に考えたことがなかったからだ。

本土の女高生は、文通する沖縄の女高生に「沖縄では英語で話すの」とか「外国製の良い万年筆あったら買っておいて」とか無邪気なことを言う。本土の流行作家は「沖縄では女が安く買える」などと週刊誌に書きまくる。そんな本土の雰囲気に大江も染まっていた。あれだけの困難を沖縄に背負わせておいてその苦悩を何も知らないできたのだ。

次々に質問する大江に付き合ってくれる者にも、今頃そんなこと聞くのかの思いがあったろうと自省魔の大江は思う。

一九六五年の一回目訪問から二回目は二年後、以後何回も訪れる。その訪問記を一九六九年一月号から一九七〇年四月号まで雑誌『世界』に連載する。それが「沖縄ノート」だ。訪問を繰り返しながらの沖縄研究。同時期の諸雑誌にも盛んに沖縄問題を書いている。

当時、沖縄はベトナム空爆の発進基地として機能していた。核兵器貯蔵庫と噂される近隣で戦闘機B五二の墜落事故があった。これに怒った基地労働者の組合「全軍労」はゼネストを企画した。中規模のストライキは実施できたがゼネストは中止に追い込まれた。大江も座り込みの近くに座り込んだ。

「沖縄の施政権返還」（本土復帰）に向けて様々の主張、思潮がある。「反復帰」を主張する若者も少なくない。本土政治への深い不信の念がある。大江の心も揺れ動かざるを得ない。

この間、一九六七年一月より「万延元年のフットボール」を雑誌『群像』に連載し同年九月単行本にした。大江によれば沖縄の村と四国の村の構造の類似性、明治期の「徴兵忌避騒動」の類似性があって大いに創作意欲を掻き立てられたそうだ。

さて、「沖縄ノート」に呪文のような、リフレインがある。

その一つは、「日本人の中華思想的感覚」というフレーズ。

二つ目は、「日本人とは何か、このような日本人ではないところの日本人へと自分をかえることはできないか」という長いフレーズ。特に最終章の「『本土』は実在しない」で、何度も繰り返される。

私にとって大江の文章は大変読みづらい代物だ（ところが、スウェーデンの翻訳家に、「大江の文章は大変解りやすい翻訳しやすい」、という人がいて驚いたことがある（一九九五年四月、群像特別号）恐らく日頃の訓練、どんな文体の書物を読んでいるかに関係するのだろう）。

これら二つのリフレインは今もって分かり難いが、「日本人の中華思想的感覚」は私の付論一「日本における神国思想と天皇神格化に関する覚書」に近いのではないかと思うようになった。

この「神国思想」は私は長い間気になっていた。今日になってやっとまとめられた。

興味ある読者は付論一をご検討下さい。

一九七〇年九月「沖縄ノート」刊行後大江は、Ａ・Ａ作家会議などへ積極的に参加する。大江は、欧米はもとよりアジア・アフリカ、中南米の作家とも交流を深める。中国の核実験に抗議しながら中国の作家たちとは交流を深める。

大江は「広島・長崎の被爆体験を思想化して世界に発信するのが唯一の被爆国である日本の作家の使命」と念じていた。

その後も次々小説を発表するかたわら、諸外国の大学に招かれ「日本文学」の講義をして当地の学生、研究者たちと交流を深めている。まさにコスモポリタン、朴訥とした大江の語り口からは想像しがたい活躍だ。大江の小説は愛媛の片田舎の描写が多いが、「田舎にいながら中央や諸外国にも関わりできる」ことこそ大江のメインテーマだ。世界各地に出かけて個人間の交流を深めることが実践だ。というわけでしばらくの間、大江と沖縄の関係は間遠になる。

一九九四年一〇月、大江のノーベル文学賞受賞が発表される。

受賞記念講演「あいまいな日本の私」（同年一二月七日ストックホルム）。

翌年一九九五年は日本にとって大変な年になった。阪神淡路大震災、地下鉄サリン事件、沖縄では米兵による少女暴行事件で沖縄世論が激昂して一〇万人抗議集会。

その世情騒然とした中で、大江の長男光作曲の音楽が一部の人々に癒しになった。


その後、大江の沖縄についての目立った発言は朝日新聞の連載「定義集」（二〇〇六年〜二〇一二年、月一回）において（私の手持ち資料の範囲で）。

二〇〇五年、大江の「沖縄ノート」での描写、日本軍守備隊長の村人への「自殺強要」を巡って、曽野綾子ら右派文化人が守備隊長の遺族をたき付けて「名誉棄損」の訴訟を起こした、「沖縄戦裁判」。同時期、「沖縄での軍による集団自殺強要」の描写を二〇〇七年高校教科書から削除する動きが始まった。沖縄での抗議集会一〇万人。

ここから大江と沖縄の民衆の「共闘」が始まる。大江の裁判については、沖縄各地から日本軍による村人への「虐待」資料が次々送られ、当時の事件をもっと深く掘り下げた著書が次々出版される。

結果、二〇一一年四月最高裁判決、大江側の勝訴が確定する。

この間（二〇〇九〜二〇一二）民主党政権が成立する。

大江は期待したであろうが、次々に裏切られたと書いている。

先ず鳩山由紀夫首相のトラストミーから始まる迷走。普天間基地の国外、最低でも県外移設と騒いだのはいいが結局県内容認に尻すぼみ（保守派の稲嶺恵一は、鳩山が騒いだので基地問題は日本全体の問題になった、と評価している。筆者も同感）。

菅直人は「核の抑止力」に理解を表明。野田佳彦は、大飯原発再稼働を承認。
二〇一一年菅直人首相の時、三・一一東日本大震災。原発メルトダウンの危機が表面化。

東京の大江は成城の自宅で本の下敷きになった、とどこかに書いていた。

大江の当時の発言は雑誌『世界』で見ることができる。

二〇一一年五月号　仏ルモンド記者との質疑応答。「私らは犠牲者に見つめられている」

同七月号　沖縄裁判を終えて。近い将来への「証言」を求める。

二〇一二年九月号　さよなら原発一七万人集会、大江の発言。「屈辱の中で生きることをやめよう」

二〇一四年八月号　沖縄について考え続けていること（法政大学研究集会での講演を基に）。

（大震災と原発事故についての大江の発言は他に譲るとして、沖縄についての発言を示す）

大江の当時の切迫した思想信条に少しでも近づくために各号の内容を要約する。

大江は反戦、民主主義、反核、反原発を「希望」として唱えてきただけではなく、核戦争と原発事故の発生を深刻に恐れてきた。その恐れが福島で現実のものとなった。「ヒロシマノート」と「沖縄ノート」の執筆当時その脅威を感じ、語っていながら、何故強く言いはってこなかったのか、の後悔が生まれた。

二〇一一年五月号（要約）

日本は「米国の核の傘の抑止力」とか「原発の安全性」を唱え続けてきたが、それらは「根拠のない信頼性」であったことが明らかとなった。日本政府は過去の過ちをはっきりさせないままでいる。いつまでも、あいまいではいられない。

沖縄県民は米軍基地の抑止力というあいまいな政策でいつまでも苦痛と危険を押し付けられている。もうあいまいなままでは、基地沖縄はアメリカにとっても日本にとっても持続不可能だ。沖縄県民は全身でそれを示している。

私たちもあいまいではいられない。覚悟がいる。私らは犠牲者に見つめられている。先の大戦の犠牲者、広島・長崎の犠牲者に見つめられている。激烈に進行中の福島第一原発の危機を目の当たりにして、これまでのあいまいな日本が続くことはありえない。

二〇一一年七月号（要約。「　」は原文の引用）

「私は福島原発に起こっていることと、いま現在の普天間飛行場のこと、さらにアジアの核状況の先行きに重ねて考えます。そして私は、自分が『沖縄ノート』を書き始めた時におおいに意識していながら、自分なりに追いかけることをなしえなかった（その能力がなく、勇気もなかったのです）問題点が幾つもあったこと、いま現にそれらがそのままであったことをあらためて思います。」

「いまこの大きい危機にあって、日本人がいかにフクシマを乗り越え、その経験に立って、原発と共にでしかありえない、という固定観念から、原発と共にはありえない、という新しい信条に出ていこうとする、将来に向けての証言を集める仕事はもう始まっています。私はそれが若い人たちの仕事へのつなぎとしてであれ、基地と共にはありえない、という証言を集めるのを目指しています。」

　今回の裁判で「島民が強制された無残な死」について、新証言が次つぎに現れた。それで裁判に勝利した。大江は過去に起こったことに対する証言の重要性を痛感した。（今ここにある危機から）近い将来起こりえる恐ろしいことへの証言を集める。
「近い将来への現場からの証言はその悲惨を起こらぬようにするために有効であるかもしれぬという望みをあたえます」と大江は書く。

二〇一四年八月号

（時期背景―筆者―「独立の日」か「屈辱の日」か）

二〇一二年九月九日　沖縄で「オスプレイ強攻配備反対」一〇万人集会が開かれる。

二〇一三年一月二七日　沖縄県の全市町村長と議長が一人も欠けることなく党派を超えて連署した「建白書」（オスプレイ強攻配備一〇万人反対集会の決議）を持って全員上京した。

　これを支持する「東京集会」には支持団体などから四千人が参加した。その後アピールの為に「銀座パレード」の行進をおこなった。道行く人々は関心を示さなかった。待ち構えていた右翼団体はパレードに対して「いやなら日本から出て行け」など罵声を浴びせた。

　翌日二八日「建白書」を時の首相安倍氏に手渡した。同席した菅官房長官は記者会見で、厳しい文言で書かれた「建白書」について「陳情を重く受け止めている」と言うのみ。

この三か月後、二〇一三年四月二八日、安倍内閣は歴史上初めての政府主催「主権回復の日」式典を天皇皇后臨席のもとに挙行した。式典の終わりに「天皇陛下万歳」を唱和した。

この日は「サンフランシスコ講和条約・日米安全保障条約」発効の日である一九五二年四月二八日の六一年目の年にあたる。六一年前この条約によって沖縄は本土から切り離されて、「本土」は米国占領状態からの独立、「沖縄」は占領状態の継続で米国軍統治のままとなった。この四月二八日は沖縄の民にとり長く「屈辱の日」と認識されてきた。

安倍政権はそのことを承知で沖縄全市町村長の「建白書」を侮辱するために、わざわざ「独立の日」記念式典を挙行した（と思われる）。この以前も以後も式典は行われていない。この情報を知った沖縄では急遽「屈辱の日」として抗議集会が行われ一万人が参加した（蛇足ながら筆者による追加、後日談。この翌年、二〇一四年一一月の沖縄県の知事選挙は、反安倍「オール沖縄」の翁長雄志が自民党など推薦の現職仲井真弘多に圧勝した。コケにされた民衆の怒りの表明である）。

次に大江がここで推奨している本『沖縄の自立と日本』（大田昌秀、新川明、稲嶺恵一、新崎盛暉共著、二〇一三年八月九日初版）についてふれる。

これは二〇一二年秋に東京で開催されたシンポジウムを基に加筆されたもので、このシンポジウムには大江も出席して長年交際の著者たちとの交流を深めた思い出に残るもの（その一部を紹介する）。新川明は、安倍政権の「オスプレイ建白書」ならびに「独立の日」事件について、この時期の沖縄の世論について報告している。

元沖縄県教職員組合委員長　石川元平の発言

（日本への決別の気概をと題して）

「復帰四〇年、米兵犯罪は後を絶たない。いつまでも沖縄に犠牲を強いるこの国に、未来を託せるだろうか。否である。私たち大人世代には世代責任がある。そのためには、日本への決別と、独立という住民意思を突きつけるなど、万国津梁の民の気概を示す必要がある」（二〇一二年一〇月二八日『琉球新報』）（傍線は引用者）

大城喜信元沖縄県農林水産部長の発言

（オスプレイ事件などを指して）

「日本人と日本政府がウチナーンチュウの人権を守らない事が判明した今日、ウチナーンチュウは、自分の命は自分で守るために新しい政府を設置する権利を行使して、沖縄独立を考える時期に差し掛かっている」（二〇一二年九月二六日『琉球新報』）

吉元政矩元副知事（大田知事時代）の発言

（主権と屈辱、四・二八を読み解く）

「沖縄を差別するこの国から自立しなければならない。国際人権規約の『人民の自決権』を基に、自らのことは自らで決めるということだ。」（二〇一三年三月一九日『琉球新報』）

金城一雄沖大教授の発言

「復帰四〇年、（アメとムチの分断の歴史を脱して）もうそろそろ自分の足で立とうではないか」（二〇一二年四月二八日『沖縄タイムス』）（傍線、同上）

この新聞論壇の経過を見ると二〇一二年五月、復帰四〇年のイベントを契機として「もうヤマト政府には頼れない、見限って自立の道を考えよう」の声が高まっていることがわかる。この流れに火をつけたのが先に述べた安倍政権であり、翌年のオール沖縄翁長雄志知事誕生につながったことは明白であろう（安倍さんありがとう、と新川）。

新川によれば、「自立論、独立論」は昔からあり、特に一九九七年日本復帰二五周年の「沖縄独立の可能性をめぐる大激論」には一〇〇〇人の参加があった。二日目の「沖縄を取り巻く地域からの発言」パネルディスカッションには、韓国、台湾、アイヌ、奄美（参加者徳田虎雄）の各地から参加したという。

二〇〇〇年には「琉球弧の自立独立論争誌」が生まれ二〇一三年まで一五号続く。その後別に、二〇一三年五月一五日、「琉球民族独立総合研究学会」が設立された。新川によればこの設立メンバーの中心はアメリカなど海外での研究や生活経験をもつ若手、少壮の学者、研究者たちで、グローバルな視野が期待できる」としている（彼らは日本への「祖国」意識を持たず、「復帰」思想とも無縁の世代とも）。

こう見ると、「沖縄自立・自己決定権の獲得・独立」論は、多くの世代とアジア各地の注目事項だったということだ。知らぬはヤマトンチュウばかりだということだ。奈良に暮らす筆者も独立論なるものがあるとは知っていたが、泡沫論議、居酒屋論議との認識であった。今日、それはもう全世代の欲求であろう。どうすればそれが実現できるのかの研究と議論が始まっている。

次に大江は、「尖閣諸島」問題につき下記の新崎盛暉の報告に注目している。

「この島をめぐる日中のしのぎ合い、米国の介入は大戦の火種になる。これに危機感を持つ沖縄住民が、イデオロギー、党派を超えた『オール沖縄』を生み出した。この海域は、大昔から琉球、台湾、中国の漁民の漁場であった。また、独立王朝琉球と中国の『冊封船』交流の灯台の役割であった。国家領土概念を相対化して日台中の漁民の交流場所として、国境地域住民の『生活圏』として平和的利用を検討してはどうか」と新崎は言う。大江は政治の個別的問題については、自分が信頼する専門家の言説を紹介する形で、自分の意のあるところを表明することが多い。

次に二〇一五年一一月二三日、大江の那覇市での講演（戦後七〇年企画。琉球新報社コンベンションルーム。YouTubeの動画でみられる）。

この講演会は当初六月の予定であったが、大江が辺野古の抗議集会で座り込んだ時暑さに体調不良となり延期された経緯がある。大江八〇歳、妻のゆかりは病床という生活環境。

当日会場は超満員で隣のモニタールームも含め七七〇人が集まった。大江は朴訥な語り口で時々余りうまくもない冗句を発する。聞き手はそれに好意的な笑をおくる。大江という人物を信頼しきっている。大江も聴衆におもねることなく時には厳しい言葉も使う。

主な内容は、①大江と沖縄、②憲法九条、③未来への希望（以下に要約する）。

①　大戦末期の集団自決、女学生は崖から飛び降りるとき「天皇陛下万歳」と言ったことと、（前述の）安倍の独立式典の「天皇陛下万歳」を合わせ考え続けていると語る。

②　九条の会発起人の奥平康弘らの対談本の「九条は日本の文化の一部になった」を紹介して。九条の精神は日本の民の草の根の抵抗の精神となっている。全国に数千の自主的支部がある。さらに世界で認知されている。この認知で日本の平和ボランティアは信頼の言葉をかけられることが少なくない、など。

③　未来への態度として、ミラン・クンデラの言葉を紹介する。

「人間の本質的なモラルは」「人間が生きつづけられるように世界を壊さずに次の世代につなぐ。」

（敷衍すれば）次の決意と行動が必要になると筆者は解する。

基地と共にはありえない。原発と共にはありえない。

おわりに

琉球沖縄の歴史についてほとんど無知に等しかった私は、この研究と執筆によってどんな視座（視点）を獲得できたか。

まず、「ヒト」の往来のイメージ、次に古代ヤマトとの関係、グスク時代からの進展、「富」の形成、サツマと琉球、「鵜飼の鵜」と「琉球文化の形成、成熟」、幕末の嵐、外国船との交流、「武器なき国、純朴な民」としての西洋の認知と現実。明治における中央政権と沖縄。これらにつきかなりのイメージ（視座）を持つことが出来た。

この研究を通じて日本の歴史への視座もかなり形成できた。その中心問題は「天皇制」である。第三章を書き上げることにより多くの認識を得た。また、付論一、「神国思想」の経過を見ることによって認識を充実できた。沖縄の民と言わずヤマトの民も、「天皇制の政治利用」によって筆舌に尽くしがたい苦しみを受けたのである。このこともかなり表現できたと思う。

「現代と沖縄」、当初はここまで書く予定だった。しかし、もう力が尽きたという感じだ。かわりに「沖縄と大江健三郎」を書き上げた。大江は、私が高三の時に読んだ『われらの時代』以来、大兄的存在でその後刊行される本の大半はその都度買い求めていた。この大江について何か書いて残したいとずっと願ってきた。その長年の願いをここで書くことが出来た。付論二がそれである。大江と沖縄も切っても切れない関係である。

大戦後の沖縄は「アメとムチ」によって米国の軍事戦略のもと分断統治されてきた。一九七二年「日本復帰」後は日米軍事同盟のもと「アメとムチ」により統治されてきた。

しかし、考えてみると沖縄の民はその「沖縄魂」をよく保持してきたものと思う。二〇一六年故翁長雄志は、「沖縄のアイデンティティ」「オール沖縄」を掲げて知事選を勝ち抜いた。ヤマトを含む多くの人に感銘を与えた。当時、安倍氏の「戦争法案」反対の運動が高まっていたころ。ここ古都奈良のデモ隊も「沖縄にならえ」とシュプレヒコールしていた。

二〇二一年六月二三日「沖縄慰霊の日」に玉城デニー知事は、「チムグクル」を語った。

私の沖縄研究で感銘を受けた言葉。

軍事基地として沖縄を長期間統治しているのでは、沖縄の民が「異議申し立て」するのは当然のことだ。その声を無視していると、「自己決定権」の行使の声が高まるのは当然のことだ。「自立論」「独立論」の声が高まりつつある。辺野古では反対行動が毎日実践されている。大変なご苦労だ。（これら今日の課題について私の本は追求できなかったが、歴史的視座の提示には不十分ながら貢献できたと思っている。）

動機

高齢になってからの沖縄研究、本の執筆この動機をよく聞かれる。

（内面のこと）。私の生母は一九四五年三月一三、一四日の大阪大空襲で焼死した、当時満一歳の女児と共に。私だけが助かった。当時三歳八か月だった私の記憶は全くない。私の記憶は翌年継母と暮らし始めてから以後のものしかない。まわりも生母のことなどは一切語らなかった。結果、私は生母のこともその故郷である沖縄のことにも余り関心を持たなくなった。この心の空白、記憶の空白が年を重ねると共に気になりだした。

（偶然のこと）。二〇一四年私はたまたま沖縄を旅行した（この時三回目の訪沖、たったの）。

この時は時間もあったのでレンタカーを借りてゆっくり見て回った。かねて見たいと思っていた中城城跡の城壁を見てその見事さに驚いた。勝連城跡、今帰仁城跡と回っても見事な城壁だ。私は沖縄について固定観念に支配されていたようだ。貧しい、悲惨、地上戦の傷跡、米軍支配、等々暗いものしかない。

こんな見事な城壁を六〇〇年前に建設する力と文化を持っていたとは。自分の固定観念と無知に驚いた。もっと柔軟に見つめる必要がある、と。

もし私がこの旅行をしていなかったら、この感銘をうけていなかったら、恐らく沖縄研究に没頭することはなかったと思う。他に自由研究課題をいくつか持っており、いくつかの勉強会にも参加していたから。これらの研究会参加をすべて取りやめ、年賀状をだすことを始めこれまでの交際も少なくしてひたすら沖縄文献の読み込みに従事した。

この後私は本島三回、奄美大島・喜界島、鹿児島それぞれ一回訪問した。現地の空気をしっかり感じたいから。

二〇一五年一二月、ひ孫が生まれた。その母（私の孫）はしきりに動画を送ってくれる。ひ孫は常に母の方を見て頼り切っている。この生母に甘える幼児の絵を見て、私にもこんな時代があったはずだと思った。が、その感触が全くない。心の空白を強く感じた。この空白感を埋めるためには、自分の中の沖縄を明瞭にするしかないと思った。もし、ひ孫と孫娘の動画を見ることがすくなかったらこの研究は途中で挫折したに違いない（あるテーマを持って研究に着手したが途中でやめる、こんなことはしょっちゅうあった）。

完

参考文献

1　琉球通史

宮城栄昌『沖縄の歴史』日本放送協会、一九六八年第一刷
比嘉春潮『新稿　沖縄の歴史』三一書房、一九七〇年第一版第一刷
山里永吉『沖縄歴史物語』勁草書房、一九六七年第一刷
国場幸太郎『沖縄の歩み』岩波書店、二〇一九年第一刷（底本　牧書店、一九七三年）
伊波普猷『沖縄歴史物語――日本の縮図』平凡社、一九九八年、第一刷
陳舜臣『沖縄の歴史と旅』ＰＨＰ研究所、二〇〇二年、第一刷

2　石器時代、貝塚時代、グスク時代

安里進・土肥直美『沖縄人はどこから来たか（改訂版）』ボーダーインク、二〇一一年
土肥直美『沖縄骨語り――人類学が迫る沖縄人のルーツ』琉球新報社、二〇一八年、初版第一刷
高宮広土『島の先史学――パラダイスではなかった沖縄の先史時代』ボーダーインク、二〇〇五年、初版

高宮広士ほか『マヤ・アンデス・琉球――環境考古学で読み解く「敗者の文明」』朝日新聞出版、二〇一四年、第一刷

谷川健一ほか『琉球王権の源流』榕樹書林、二〇一二年、第一刷

谷川健一『甦る海上の道・日本と琉球』文藝春秋、二〇〇七年、第一刷

外間守善『海を渡る神々――死と再生の原郷信仰』角川書店、一九九九年、初版

吉成直樹『琉球の成立――移住と交易の歴史』南方新社、二〇一一年、第一刷

大石直正・高良倉吉・高橋公明『周縁から見た中世日本（日本の歴史一四）』講談社、二〇〇一年第一刷

柳田国男『海上の道』岩波書店、一九七八年、第一刷（二〇〇一年、二六刷）

森浩一「森浩一が語る　日本の古代」ユーキャン（DVDセットの解説）

田中健夫『倭寇――海の歴史』講談社、二〇一二年、第一刷

東靖晋『西海のコスモロジー』弦書房、二〇一四年、第一刷

大阪府立弥生文化博物館・沖縄県立博物館・美術館『沖縄の旧石器人と南島文化』二〇一七年

3　王朝時代

伊波普猷『古琉球』岩波書店、二〇〇七年、第四刷

高良倉吉『琉球王国』岩波書店、二〇〇九年、第一七刷（一九九三年初版）

安里進『琉球の王権とグスク』山川出版社、二〇〇六年、第一刷

大城立裕『琉球の英傑たち』プレジデント社　一九九二年第一刷
佐藤亮『琉球王国を導いた宰相蔡温の言葉』ボーダーインク、二〇一六年初版
安田和男『「琉球いろは歌」と六諭のこころ――程順則名護親方寵文の教え』ボーダーインク、二〇〇五年、第二刷

4　正史

諸見友重『訳注　中山世鑑』榕樹書林、二〇一一年発行
原田禹雄『訳注　中山世譜』榕樹書林、一九九八年発行

5　幕末・明治

井上勝生『開国と幕末変革（日本の歴史一八）』講談社、二〇〇九年
鈴木淳『維新の構想と展開（日本の歴史二〇）』講談社、二〇一〇年
佐々木隆『明治人の力量（日本の歴史二一）』講談社、二〇一〇年
牧原憲夫『文明国をめざして（全集 日本の歴史 一三）』小学館、二〇〇八年
立花隆『天皇と東大　大日本帝国の生と死　上』文藝春秋社、二〇〇五年、第一刷
新川明『琉球処分以後　上・下』朝日新聞社、一九八一年、第一刷
大里康永『謝花昇伝』太平出版社、一九七〇年、第一刷

山口栄鉄『チェンバレンの琉球・沖縄発見』芙蓉書房、二〇一六年、第一刷
山口栄鉄『琉球王朝崩壊の目撃者　喜舎場朝賢』芙蓉書房、二〇一九年、第一刷
ベイジル・ホール『朝鮮・琉球航海記——一八一六年アマースト使節団とともに』春名徹訳、岩波書店、二〇一六年、第九刷
大下英治『ウチナー三大抵抗者の伝説』河出書房新社、二〇一九年、第一刷
金城正篤ほか『「沖縄学」の父伊波普猷』清水書院、一九八四年、第一刷
伊波普猷『古琉球の政治』郷土研究社、一九二二年、初版、一九二七年、再版
後藤乾一『近代日本の「南進」と沖縄』岩波書店、二〇一五年、第一刷

6　歴史小説ほか

陳舜臣『琉球の風』講談社、二〇〇八年、第四刷
『中国五千年史　地図年表——陳舜臣中国ライブラリー』集英社、二〇〇二年、第三刷
大城立裕『小説　琉球処分』講談社、二〇一〇年、第一刷

7　その他（時代を超えた歴史理解）

翁長雄志『戦う民意』角川書店、二〇一六年、第三刷
大江健三郎『沖縄ノート』岩波書店、一九九四年、第二六刷

■著者

島 征一郎（しま せいいちろう）

1941年大阪市生まれ。

1965年大阪市立大学経済学部卒。

1971年公認会計士試験二次試験に合格し監査法人等勤務。

1978年独立して島公認会計士事務所設立。

1989年奈良市に転居して今日に至る。

2011年廃業して自由研究生活。

2014年から琉球沖縄研究に集中。

2021年沖縄に関する著書刊行。

著書等『健全企業に求められる会計と税務』（編著）1992年、PHP研究所。

他に公認会計士関連冊子、会報に論文など。

琉球とヤマト——歴史の視座を求めて

発行日 2021年8月15日 第1刷発行

著　者 島 征一郎

発行者 兵頭圭児

発行所 株式会社 耕文社

〒536-0016 大阪府大阪市城東区蒲生1丁目3－24

TEL.06-6933-5001 FAX.06-6933-5002

http://www.kobunsha.co.jp/

ISBN978-4-86377-068-3 C0021

（落丁・乱丁の場合は、お取替えいたします）